Literatura
UNAM

Biblioteca Era

JOSÉ RAMÓN RUISÁNCHEZ   *Pozos*

JOSÉ RAMÓN RUISÁNCHEZ

POZOS

Literatura
UNAM

Ediciones Era

Coedición: Ediciones Era / Dirección de Literatura, Coordinación de
Difusión Cultural, Universidad Nacional Autónoma de México

Primera edición: marzo de 2015
ISBN: 978-607- 445-398-0 (Era)
ISBN: 978-607-02-6455-9 (UNAM)

Portada: Pozo de Chand Baori, India. Fotografía de © Robert Davies
Diseño de portada: Juan Carlos Oliver

Impreso y hecho en México
Printed and made in Mexico

www.edicionesera.com.mx

Uno

En mayo de 1527, durante el *sacco di Roma*, el papa Clemente VII logra huir al Castel Sant'Angelo por un caminito que recorre ochocientos metros del dorso de una muralla: el Passetto di Borgo. El 7 de diciembre, disfrazado de frutero o tocando una campana de leproso o con las ropas de una puta vieja, rompe el cerco y trepa a un pueblo inatacable de la Umbria en la cima de una peña cortada a pico. Clemente VII, llamado en el mundo Giulio de'Medici, se da cuenta de que si bien Orvieto es inexpugnable puede ser rendido por la sed. Así que desde su infalibilidad le ordena a Antonio da Sangallo el Joven cavar hasta encontrar agua.

Da Sangallo toma el nombre de su tío. Él en realidad se apellidaba Cordini o Cordiani. Pero también, seguro de manera equivocada, ha sido llamado Candiani, Corolani, Coriolani y en el colmo de la improbabilidad pero ratificado por Vasari: Picconi.

Me gusta creer que le toca el trabajo porque él se había encargado de construir el corredor que une los palacios papales y el Castel Sant'Angelo.

Al escribir sobre los grandes artistas, Vasari miente con la misma soltura encantadora con que Diógenes Laercio reinventa la vida de los filósofos. Vasari miente más cuando escribe de sus amigos cercanos. Pero igual es hermoso pensar que el tesón de Da Sangallo le permitió pasar de ser un carpintero toscano que escribía en un italiano aproximativo a ser el experto que dominaba el vocabulario de términos clásicos usado por Vitruvio y, a los cuarenta años, tras la muerte de Rafael, convertirse en arquitecto papal.

Por supuesto ni el miedo ni Vitruvio pueden acelerar el cavado de un pozo de más de sesenta metros de profundidad en roca viva. Clemente VII muere en 1534 y no alcanza a ver terminada la obra.

Ninguna de las fotografías de esa noche logra sugerir lo que al final pasó. Por el giro de sus cuerpos se sabe que en torno a la mesa hay otros amigos. No se necesita mucha agudeza para adivinar que hace calor y que han bebido con método, hasta la alegría pero sin llegar al exceso. La luz artificial no oculta los estragos de la edad. Pero, al menos en las fotografías de la noche, la amistad suaviza las derrotas.

Dos amigos leen.

Quien los conoce sabe que están leyendo de lo hondo. De lo que escriben en horas robadas. De lo que escriben cuando no están escribiendo por obligación. En las fotografías se ven el miedo y el gozo. No se puede decidir cuál de los dos está leyendo en ese momento. Uno ha terminado de leer y el otro busca entre sus tesoros.

Dos amigos se leen y leerse es una manera de querer. Leen el uno para el otro y para el resto de los amigos que no aparecen pero que les permiten leer el uno para el otro.

Y de este lado no necesito decir dos amigos. Digo mi amigo y yo. Necesito decir dos amigos y decir mi amigo y yo porque lo que pasó esa noche me pasó a mí pero también pasó más allá de mí, o más precisamente: pasó por mí. Pasó, he repetido. Y porque pasó escribo estas páginas. Porque no se ha quedado. Esa noche dejé de escribir poesía y comencé a escribir este libro de escolios y notas.

Un hombre va al cementerio. No ha llegado a las tumbas gemelas de sus padres cuando se encuentra con el enterrador. Tienen casi la misma edad pero de manera distinta.

¿Cómo se cava una tumba perfecta?

Es relativamente fácil cuando no hay piedras y la tierra no se ha congelado. La perla de su orgullo es una fosa de verdad rectangular, a escuadra. Para eso no basta una pala. Hay que ir aplanando las paredes al mismo tiempo que se cava. Además hay que proteger el pasto. Antes de empezar coloca unos plásticos y procura que toda la tierra se amontone dentro de ellos. Para rellenar la tumba se usan como dos terceras partes de la tierra. Lo demás hay que llevárselo antes del entierro.

¿Usted cavó las tumbas de mis padres?

Caminan juntos, en una lentitud compartida. No son aún amigos, no serán nunca amigos, pero esa mañana son viejos amigos.

Al llegar, el enterrador afirma.

¿Está seguro?

El enterrador no necesita pensarlo. El otro le ofrece dinero. El enterrador lo rechaza dos veces, cortés y orgulloso. A la tercera, acepta el dinero triste de este viejo de su edad. Es fácil imaginarse lo diferentes que son sus manos.

El pasaje aparece hacia el final de *Everyman*, una novela menor de Philip Roth.

José Emilio Pacheco nos enseñaba las dos lecciones de et in Arcadia ego: he llegado al paraíso, dice el muerto en su tumba. O bien: incluso en Arcadia estoy yo, dice la muerte, Everyman.

Tuve una excelente maestra. Los viernes invitaba a los niños con mejores calificaciones a comer a su casa. A mí me tocó ir con Toño Navarrete. Me divertí mucho pero, como siempre, sufrí a la hora de comer. Me dejó que no comiera si no me gustaba. Recuerdo que nos tomó fotos lavándonos los dientes.

Un día vi a una niña en una bici muy bonita. Le dije que si me dejaba dar una vuelta. Me dijo que sí pero tenía que ponerme sus zapatos.

Mi tía, Rosa María Fernández Serra, decidió escribir sus memorias para regalar a los invitados de su fiesta de cincuenta años. Como no llego a la fiesta y como gozo mucho sus memorias, éste es mi regalo tardío:

Vamos por hongos, ha dicho mi tío Fede, y por eso estamos en el bosque él y yo. Es en realidad mi tío abuelo y casi lo tengo olvidado; apenas regresa cuando me siento a escribir estas páginas que me ponen tan nervioso. En el bosque huele todo a lluvia reciente y a intrincada penumbra, se oyen arroyos pero no los llego a ver, aunque aún no soy el miope profundo que seré con el tiempo y los libros. Mi tío Fede no habla en el bosque. Y yo, que siempre hablo, que tardé tanto en aprender a caminar pero que hablo desde siempre, en el bosque aprendo a callar.

En el bosque cargo con una canasta mientras un señor que va a morir muy poco tiempo después me señala con su puro, sombras entre sombras, los lugares secretos donde surgen casi mágicamente los rovellons. Antes de morir, mi tío Fede me regala un secreto que me toma toda la vida ir comprendiendo.

Mi tío Fede, su padre.

Freud afirma que el sueño es siempre la realización de un deseo. Riguroso como suele ser, enfrenta inmediatamente la excepción. Y esto produce el momento más memorable de *La interpretación de los sueños*, la inyección de Irma:

En una fiesta, Sigmund, el Freud de sus propios sueños, se topa con Irma, una paciente a la que no ha logrado curar por completo. Sigmund le reprocha que si aún se siente mal es culpa suya por abandonar el análisis. Sin embargo se da cuenta de que los dolores que siente Irma no provienen de su histeria. La lleva junto a una ventana y le pide que abra la boca y eche la cabeza hacia atrás para examinarle la garganta.

"Al principio –dice el maravilloso escritor que Freud sabe ser cuando cuenta a Sigmund– se resiste un poco, como en estos casos las mujeres que llevan dentadura postiza. Pienso que no la necesita." Qué raro. Pero qué gran escritor no es raro.

Tanto Sigmund como su colega Leopold coinciden: Irma está intoxicada por culpa de la inyección de ácido propiónico –¿por qué demonios ácido propiónico, un antimicótico, en el paladar?– que le ha puesto Otto, un amigo de Sigmund y Leopold, probablemente con una jeringa sucia. El sueño es tranquilizador porque cumple el deseo de inocencia médica de Sigmund: no ha sido él "sino Otto el responsable de los dolores de Irma".

By God, the old man could handle a spade.
Just like his old man.
Dice el hombre que mira a su padre, bajo su ventana, haciendo jardín. Admira el simple arte de cavar. El padre y
el abuelo han sido diestros con la pala. El padre
Arrancaba los largos tallos, enterraba bien hondo el
brillante filo
para escandir las papas recientes que nosotros recogíamos
gozando su frío
duro en nuestras manos.
Al abuelo
Le llevé una vez leche en una botella
apenas tapada con un papel. Se enderezó
para beberla, y de inmediato volvió a inclinarse
raspando y cortando cuidadosamente, echando terrones
por encima de su espalda, bajando y bajando
hacia la hulla benévola. Cavando.
Él ha perdido ese arte elemental. Él sostiene su pluma
"snug as a gun" y la prepara para cavar de otra manera.

Lo que me llevó a Seamus Heaney fue un poema suyo,
muy hermoso, que leí de pie, en una librería. Un santo saca
la mano por la ventana y un pájaro construye su nido en
ella.
   Antes de terminar este libro, leo la noticia de su muerte y siento la tristeza de no haberlo visto nunca, de no
haberle dicho lo obvio. Et in Arcadia Seamus.

A partir de que Roque Joaquín de Alcubierre inicia la excavación de Pompeya en 1748, cambia el significado de la palabra ruina. Lo que va saliendo a la luz bajo esos cinco metros de lava está prístinamente conservado. Reaparecen los frescos y los grafitos, los cadáveres sorprendidos (o no) en plena unión sexual que, me cuenta mi madre cuando soy niño, todavía en los años sesenta no se dejaban ver a las mujeres.

Pompeya ocupó un lugar central en el imaginario del siglo XIX. Debido a la popularísima novela de 1831 *Los últimos días de Pompeya* de Edward Bulwer-Lytton, pero también porque las artes decorativas de la época empezaron a copiar los interiores pompeyanos, sus mosaicos y los motivos de su cerámica. Esa nueva cercanía de lo lejano es la que autoriza la abundancia de ruinas en los jardines victorianos. Ruinas que desde luego no son excavadas sino construidas. Mock ruins.

Aprendí la mayor parte de estas cosas en la Universidad de California. En el curso impecable de Murray Roston, quien sólo daba clases en Los Ángeles cada tercer año. El curso lo tomé cuando hui de mi vida en la Ciudad de México, en un momento en que no tenía ningún sentido huir de la Ciudad de México: estaba enamorado, tenía un trabajo que me gustaba mucho, casi había terminado la carrera. Aunque aprendí mucho y logré ser el primer graduado de mi generación, perdí el trabajo y mi novia se acostó con otros. Acaso por eso he regresado muy pocas veces a Los Ángeles. Porque ahí arruiné una vida que pudo ser. Hoy no sería doctor y, en cambio, me hubiera hecho socio de una preparatoria. La novia es quien es y de cualquier modo se hubiera acostado con otros.

En el momento que empiezan los trabajos arqueológicos de Pompeya, Hubert Robert tiene quince años. A los veintiuno llega a Roma, para estudiar en la Academia, y en 1760, acompaña al Abbé de Saint-Non a Nápoles y desde allí hacen la excursión a Pompeya. Hubert Robert no es cualquier pintor y su mirada de más de un modo ofrece un reverso a lo que Charles Baudelaire escribirá en "El pintor de la vida moderna" todavía muchos años después.

Cuando viví en Los Ángeles compartía el departamento de un genio de la biología: uno de los tres premios Nobel con los que había trabajado era Francis Crick. Pero cada cierto tiempo Jorge arruinaba su vida para dedicarse a la política. O se enamoraba de mujeres que no le convenían. O ambas cosas. Había abandonado su primer doctorado para casarse con una chilena y regresar a México para hacer la revolución. Ya divorciado y sin haber disparado una bala terminó sus estudios. En pleno triunfo de su carrera académica decidió convertirse en el defensor de los derechos humanos de Mario Aburto Martínez, el asesino del candidato a la presidencia Luis Donaldo Colosio. Después de compilar un expediente de nueve mil páginas sobre el caso, que le costó un año de vivir en moteles, protegido por el FBI, regresó a su laboratorio y a enamorarse de una actriz que había inmortalizado su infancia haciendo papeles inocentes para Disney. Cuando lo conocí, el primero de enero de 1998, había renunciado de nuevo a su puesto para trabajar en la campaña para alcalde de Los Ángeles de Tom Hayden, uno de los famosos Chicago Seven, exmarido de Jane Fonda. A mí sólo me interesaban sus historias sobre biología.

Robert supo convertir la ruina en una máquina de la mirada, a través de la cual más que contemplar la Antigüedad, muestra las grietas más inquietantes de la Francia de su época. Con la misma luz bucólica, casi mitológica, con la que pinta *Le bassin de baignade* ilustra la ruina futura de la gran galería del Louvre.

Años después regreso a Los Ángeles y visito el Getty, que no existía cuando terminé mis cursos de licenciatura en UCLA. En una de las galerías me atrapa el cuadro de la demolición del Château de Meudon. La hermosa luz natural de un raro día nublado en California ilumina los cuadros y parece ser la fuente que llena la explanada central y acaricia la fachada gris de la antigua residencia del Delfín de Francia. Ya no hay vidrios en las ventanas monumentales por donde asoman figuras: curiosos que se apropian de la mirada del Delfín o bien fantasmas que miran con más fascinación que tristeza cómo claudica su orden. Se tensan las dos ruinas: en el edificio persevera la modernidad, pero ya las columnas vencidas son clásicas. De no ser por el título, sería imposible discernir si los obreros están destruyendo o construyendo. Y los árboles del fondo, al lado izquierdo, evocan más la naturaleza que reconquista las ciudades abandonadas que los jardines laberínticos de los Luises. El tiempo fluye, rozado por esa luz de California y de la Île de France, en dos direcciones a la vez.

Robert crea una lógica visual de la ruina que Diderot, inspirado por los cuadros del Salón de 1767, convertirá en lógica filosófica. Una lógica que llega a Walter Benjamin y desde Benjamin insufla prácticamente todas las maneras del melancólico pensamiento actual.

En su advertencia al lector, el difunto Brás Cubas dice: não sei se lhe meti algumas rabugens de pessimismo. No sé si he agregado alguna sarna de pesimismo, en la traducción de don Antonio Alatorre.

Pero rabugen no quiere decir solamente sarna sino también impertinencia, mal humor y una zona de la madera que resulta difícil de trabajar porque en ella confluyen dos vetas. Un sinónimo es revessa que quiere decir el lugar donde se juntan los planos de un techo de dos aguas y la franja donde el agua de un río corre en contra de su corriente.

Aquí debería aparecer la maravillosa fotografía de las cataratas del Niágara que hizo Annie Leibovitz que de ninguna manera me puedo permitir. En el vértice mismo de la caída se levanta una olita verde casi azul que, arrepentida, no sé cómo, traza una curva antigravitacional.

Poco a poco vamos siendo más amigos. Bebemos juntos, vamos al supermercado, hacemos juntos un congreso sobre pintores del siglo XIX, nos vamos de carretera y comemos en un hoyo infecto barbecue soberbia. Me atrevo a inventarle un apodo. Pero si hay que poner una fecha a todo, elijo cuando me dice: en la película lloré dos veces. O cuando llega a mi alberca con patas de cangrejo que, a falta de cascanueces, quebramos con un exprimidor de limones. O cuando en un bar se levanta a la rocola y pone cinco canciones que sabe que me gustan.

Hemos bebido mucho. Hemos leído poemas juntos. Hemos juntado dinero para que viaje a París a decirle al amor de su vida que es el amor de su vida. De vuelta le pregunto. Y me cuenta que ella le dijo: Te amo mucho, pero él tiene un pasaporte francés. Bebemos más, muchísimo más. Hasta que empezamos a beber menos. Él tiene un hijo. Yo tengo un trabajo lejos. Una tarde me dice que no puede verme porque está en el hospital, junto a su padre. Y yo ya no sé contestarle. Poco a poco vamos siendo menos amigos.

¿Y si en realidad lo que importa de la mimesis no es su relación con el mundo sino la producción de un mundo en que sea verdad el texto?

Por ejemplo:

> Todavía está aquel árbol de quelite;
> todavía brillan las mismas luces;
> en la laguna de Tiscapa se refleja la luna;
> pero aquel banco esta noche estará vacío,
> o con otra pareja que no somos nosotros.

No la suspensión de la incredulidad, como dice Coleridge, sino la suspensión de esa ingenuidad que es pensar que ser incrédulos nos vuelve menos ingenuos.

Ernesto Cardenal sabe cortar de la prosa de Fernández de Oviedo, de Bernal, de Acosta y formar poemas; sabe transliterar como nadie más a Catulo. ¿Cómo hubiera llamado Aristóteles a esas capacidades poéticas que justamente habitan ese territorio entre lo artificial y lo artístico donde Juan David García Bacca pensaba que había que colocar a la mimesis?

Entiendo cuánto de este libro proviene, me guste o no (no me gusta), de las lógicas dispersivas creadas en el espacio eléctrico. Primero de la televisión por cable y después del internet. Sobre todo a partir de que dejamos de tomar café o cerveza juntos para pasar más tiempo contestando emails o mensajes mal escritos por teléfono. Pero me parece precipitado asegurar que la culpa es de Facebook. Probablemente la inmensa popularidad del medio se debe a que refleja algo de nuestra psique fragmentada, no a que la crea.

Vamos manejando por el desierto y Jasper me dice:

—¿Sabes? Me enseñaste algo.

—¿Qué, mijo?

—La aburrición viene de adentro. Me tomó un rato entenderlo pero ya que lo logré dejé de aburrirme.

—¿Yo te enseñé eso?

—Sí, tú. Nadie más me podría haber enseñado eso.

—¿Nadie?

—Nadie.

Escribe mi amigo en Facebook.

Hacer un alfiler requiere dieciocho operaciones, dice un curso de economía del siglo XIX. En cambio una baraja requiere setenta operaciones. En el siglo XIX, al menos en México, los poetas dictaban y publicaban cursos de economía para no morirse de hambre.

Después de un año viviendo en Houston he pasado 73 horas en mi auto. Pienso en lo mucho que podría haber leído si me animara, como hice durante media década en México, a moverme solamente en transporte público.

En el diario del primer viaje, Cristóbal Colón escribe o manda escribir que ha descubierto "por menudo 69 islas". ¿Tenía el número la misma significación sexual que hoy o era más elegante dejar un hueco ante la cifra redonda, dar un paso atrás del setenta bíblico?

En Argentina alguien ha determinado que los fumadores pierden exactamente doce años de vida.

En Francia alguien decidió una vez que un peso de oro valía quince veces y media lo que un peso de plata y que la proporción era inalterable.

En China un texto budista señala que por cada ocho wens que uno dejara como deuda al morir pasaría un día como buey. O por cada siete, un día como caballo. Me pregunto si alguien, al morir, en vez de un gallo para Esculapio pidió que se pagara un wen a su nombre porque prefería la altivez de los caballos. O que se comprara el aceite que alcanzara con un wen para regresar a la lentitud poderosa de los bueyes.

Cada página de este libro me cuesta, digamos, 143 páginas de lectura. En una de estas páginas me entero de que el poeta mexicano le ha robado el ejemplo a un economista inglés, quien a su vez lo toma de la *Enciclopedia* de Diderot y D'Alembert que lo toma de una antología de tratados de economía árabes, traducida al latín, entre los que se encuentra el *Ilhya* de Ghazali.

Al intentar compilar el conocimiento bajo la luz de la Razón, el resultado es que no hay totalidad: los saberes jamás cierran sobre sí mismos completándose. Esta imposibilidad del proyecto enciclopedista es el punto de partida de los mayores logros literarios del siglo XVIII. Las *Confesiones* de Rousseau, el *Tristram Shandy* de Sterne, los aforismos de Lichtenberg parten de la conciencia del fracaso de la totalidad y convierten su ruina en la materia central de la literatura. No la borran, no la olvidan; siguen usándola como un horizonte, pero ahora es un horizonte agnóstico.

Por cierto, el artículo "enciclopedia" en la *Enciclopedia* no ignora estos límites.

Y al mismo tiempo, si se quiere de manera paradójica pero creo que no, me irritan los aforismos. O mejor: me irrita que alguien se atreva a *escribir* aforismos. Me consuela que, al menos, el azar cruel de la historia nos haya legado los ficheros de Walter Benjamin. Me gusta que la obra de Heráclito, destrozada por el tiempo, se haya convertido en aforismos. Por eso, de manera más o menos vaga, defino mi reto formal como la escritura de fragmentos que logren sortear la contundencia y el wit específicos del aforismo. Porque el aforismo está tan cerrado sobre sí mismo que no deja que se formen figuras a su alrededor. El aforismo es mónada, el fragmento molécula.

Dos

Poco menos de veinte años después de la redacción original de *La interpretación de los sueños*, Freud comienza a recibir pacientes que, como sus propios hijos, pelearon en la Primera Guerra Mundial. En la guerra de trincheras enfrentaron tecnologías de destrucción que, aunque hoy nos parecen normales, para ellos resultaban inconcebibles. Lo único que permanecía igual, escribió inolvidablemente Walter Benjamin, eran las nubes.

Los sueños de estos hombres que habían ido a la escuela en carros tirados por caballos eran tan absolutos en su horror que convencieron a Freud de la existencia de una excepción al principio del placer, la regla central de su obra anterior.

Hay ciertas mentes capaces de inaugurar operaciones. No es casualidad que sea precisamente Freud quien proponga el término sobredeterminación que tantas veces se lee mal, como si quisiera decir que una causa produce irremediablemente el mismo efecto. Como si fuera una manera judeovienesa de decir a huevo. En realidad se trata de conceptualizar que un efecto necesite de una constelación de causas. Una constelación que al final es imposible de recuperar.

Dice Harold Bloom que Freud intentó ser Darwin y acabó siendo Goethe. En la medida en que su procedimiento central explora este tipo de causalidad, Freud inaugura también el surrealismo.

Pero lo que le permite entender mejor la colección de pesadillas de los veteranos del lodo es que ya ha escrito dos textos fundamentales en los años anteriores "Duelo y melancolía" (1917) y "Lo siniestro" (1919), que van constituyendo la constelación de su nueva teoría.

La iluminación definitiva llega de un lugar mucho menos lúgubre: un juego de su nieto. Lanzaba un carrete con un hilo amarrado para hacerlo desaparecer y luego jalaba el hilo para hacerlo reaparecer. Sigmund ve jugar a su nieto. Se da cuenta de que en el juego del cerca y el lejos, el *Fort-Da*, el desaparecer y el volver, de lo que se trata verdaderamente es de la madre. De la ausencia de la madre y de su regreso. A lo que está jugando el niño es a que puede controlar la ausencia de la madre. Ooooooooo. Y producir su regreso. Da.

FORT-DA

El pasado no
es mío no es
de nadie tiene
su raíz más
allá de la casa más
antigua no de mi
vida la más antigua
casa del
mundo.

¿Cómo se llama
ese pasado que miro
y reconozco
con la casa más antigua
de mi corazón?

Al pensar las pesadillas de los veteranos Freud se da cuenta de que la naturaleza del horror que regresa no es la de un recuerdo normal sino la de una repetición pura. La distinción debe hacerse al nivel de la mimesis: la repetición, dice Freud: "emerge con fidelidad no deseada".

Labrado hasta su
extremo por el
estilo manso del
tiempo
o por unas
manos más
sabias que el
tiempo
capaces de
gastar
desde el principio toda la
novedad: el
pasado es un
jabalí tan
cerca del
barro que es casi
río es el
final de un
regreso hasta lo
último posible antes de
des-
  aparecer.

La repetición –y para llegar a esta conclusión brilla la capacidad que Freud comparte con los grandes poetas de encontrar la tenue línea metafórica que une lo dispar– tiene como función prepararme. Su nieto se prepara con el juego para el dolor que le causa la ausencia de su madre. Los soldados para el horror de la guerra. Pero aquí su genio brilla: la repetición no sirve contra algo que me va a suceder, sino para enfrentar lo que ya me sucedió. Lo que ya me sucedió pero era en tal medida inesperado que superó todas mis defensas. Me habrá de proteger desde el futuro de un mal sufrido en el pasado. Ya está aquí la curva que me interesa.

El modesto dios
de la inminencia
deja señales
innegables
cerca del horizonte
el dios del lejos
asoma apenas
su nombre nos acaricia
con el murmullo
de las palabras
que se hunden
en el olvido.

Bajo al pozo por una de las escaleras gemelas. Los huecos en la piedra dejan ver el fondo, pero sólo cuando llego al agua me doy cuenta de que es absolutamente nueva.

El pozo se llama San Patrizio acaso para recordar la gruta, cerrada desde 1457, del islote de Lough Derg: al fondo de la gruta de Saint Patrick, después de innumerables ordalías, aguardan el perdón de los pecados y el paraíso. Agua nueva.

El pozo se llama San Patrizio pero el manantial se llama San Zeno.

Nacido en Mauritania, San Zenón es el patrono de Verona y de los pescadores. Se ganó su lugar en el cielo luchando contra el arrianismo. Acaso la excavación haya llegado al agua un 12 de abril y, para agradecer al santo del día, se bautizó así la fuente subterránea. Mi italiano basta para preguntar algo así al encargado de la taquilla. Pero no está en mi carácter. Soy un viajero taciturno.

Si preguntara no podría imaginar que en realidad Da Sangallo lo bautizó de ese modo pensando paganamente en Zenón de Elea, quien atestigua una de las derrotas más apabullantes de Sócrates a manos de su discípulo Parménides. Zenón inventa el mínimo género literario de la paradoja. Esa situación donde lo que habrá de cumplirse no se ha cumplido; no se cumplirá pero se está cumpliendo siempre como inminencia. Esa situación que sólo es exacto llamar poesía; imagen.

El manantial paradójico al que se llega por dos escaleras que nunca se cruzan y que sólo aparece cuando el papa que mandó cavar el pozo llevaba ya tres años muerto.

Y sí, este libro tiene profundas deudas con el internet, incluso hay wikipecados en estas páginas. Las deudas son de información pero también formales. Su escritura y las maneras de leerlo hunden sus raíces más profundas en los hábitos dispersivos que, al menos en mí, provoca la red.

El antropólogo dice algo que me gusta: desde siempre la mayor parte del dinero del mundo ha sido imaginario. Dice además que la mayor parte de las deudas del mundo quedan impagas. Y es mejor así: entre amigos uno siempre debe pagar de menos o regalar de más. El pago exacto permitiría que la relación se acabara. Para el antropólogo los amigos son dos que no saben pagarse una deuda.

El antropólogo también dice algo que no me gusta: la gran filosofía ha surgido casi siempre en épocas en que se acuña dinero; épocas en que prima la guerra de manera sistemática y junto con la guerra se reaviva y se ahonda la condición abismal de la esclavitud. Las monedas con un león de la ciudad de Mileto representan no sólo a Tales sino también uno de los mayores mercados de esclavos del Mediterráneo, a Anaximandro y a Anaxímenes pero también a la mayor cantera de mercenarios del mundo griego.

El libro se llama *Debt: the First 5000 Years*. Me entero después de que su autor, David Graeber, uno de los organizadores del movimiento Occupy Wall Street (de hecho es él quien acuña la afortunadísima frase We are the 99%), no encuentra empleo en el sistema académico de los Estados Unidos. Es demasiado radical.

–Pero quiero que te cases con alguien que hable español; yo no le voy a hablar en inglés a mi nuera. Una venezolana puede ser una buena opción.

–Sí, mamá. Pero si salgo gay me voy a casar con un filipino.

Estoy realmente loca por ese señor. Ahora tiene que buscarme él y es un troglodita: ni mail ni face; su teléfono móvil funciona cuando hay señal en el campo, un día cada tres.

Su hija Silvina, quien nos presentó en Valle, amiga mía, tratará de desasnarlo después de la cosecha. ¿Cuánto dura una cosecha?

Decimos que hace diez años que no nos vemos, porque nos da miedo ser más precisos. La verdad es que tampoco nos hemos extrañado. Somos amigos porque hemos sido amigos. Ahora vivimos en la misma ciudad y decidimos vernos. Vamos a un lugar en que los sillones son al mismo tiempo suntuosos e incómodos. Un lugar donde se bebe vino. Donde no hay música. Donde los meseros son atentos e invisibles. Poco a poco, transitamos por los años en que no nos vimos. ¿Qué estás escribiendo?

Mi madre se sabía poemas de memoria y, para mi infinita vergüenza, los recitaba. Eran los versos de Bécquer, Espronceda y Nervo que había aprendido en la escuela. En una escuela donde aún se obligaba a los alumnos a tener memoria. Sólo en la universidad, antes de cambiarme de carrera y decidirme definitivamente por la literatura, la voz de mi amigo me reveló que era posible leer la poesía de otra manera. Sin énfasis, dejando que los versos ocuparan su exacto lugar. Como un milagro de su dicción, oí en su voz la ternura de Sabines, al Neruda delirante y triste y sexual de las *Residencias*, oí ese lugar donde el lenguaje se acaba y se vuelve pura caricia *En la masmédula*, lo oí compartiendo el misterio dulce y amargo y tremendo de *Trilce* y, el día en que salté en paracaídas, por la carretera del regreso, nos leyó completo *Altazor.* Eran libros que no estaban en mi casa, y que compré y leí con fervor después. Libros que enseñé en mis primeras clases y acaso decidieron, más que el destino de mis alumnos, el mío.

Ahora, en los pocos ratos libres que le deja su hijo chico
y los dos periódicos que edita, escribe el libro sobre Silvestre Revueltas que lleva unos años investigando y en
insomnios, sonetos. Me harté del verso libre, dice.

Nos tocaron ciertos años en que nos dejamos ser salva-
jes. Oíamos la última música que nos iba a cambiar ins-
tantáneamente, bebíamos y nos drogábamos con miedo y
con ganas de miedo, circulábamos muy libres por constelaciones sexuales que sentíamos eternas pero eran fragi-
lísimas. Lo recuerdo con una copa de coñac en la mano,
cantando un aria de *Don Giovanni*, y me recuerdo a mí,
queriéndolo mucho, emocionado, admirándolo. Orgulloso
y al mismo tiempo sintiendo la responsabilidad de con-
vertirme en alguien que mereciera ese amigo.

Sé poquísimo de poesía contemporánea, dice con falsa
modestia, cuando hemos terminado ya la segunda botella
de vino. Como no se quiere ir, pide una cerveza. Yo intento leerla toda, exagero, y casi nada me gusta, confieso.

Hay algunas cosas que me gustan mucho, que me im-
portan mucho, que me conmueven y que me hacen escribir. Ya no de ese modo que fue nuestro cuando tuvo que
serlo sino de este modo. Algunas cosas en cierta poesía
y en la amistad, no sé si recuperada o sólo recordada.

Lo único comparable a la emoción ante lo sublime arquitectónico en *The Stones of Venice* es el elegantísimo desdén con el que John Ruskin se apresura a alejarnos de aquello que juzga superfluo y, sobre todo, la certeza con la que odia cada modificación que desfigura una obra maestra.

En una página, Ruskin dibuja una serie de líneas y dice, con la inflexibilidad que sólo podía lograr una educación oxoniense templada en el período más próspero del imperio británico: Éstas son las curvas más hermosas del mundo. Una es el perfil de una hoja, otra el de un glaciar, la tercera es una nube irrepetible; ninguna es humana. Sólo en los más altos momentos de Borges es posible encontrar una enumeración así.

Acaso no haya verdadera pasión sin el desgarramiento agónico de quien ama y odia con intensidad absoluta. Pienso en Swann y su gama infinita de exquisitas dudas. Pienso en la ternura que inevitablemente me hace sentir el amor del joven Pedro Páramo. Pienso en Mishkin, el príncipe del bien, y al mismo tiempo en Natacha, su luna negra.

No sé si en polaco también diga el poema:
Los rostros de Pérgamo me miran con envidia
–aún cometo errores, ellos no.
Traduzco de la traducción al inglés:
Pergamon faces watch me with envy
–I still make mistakes, they can't.

Pero ¿y si la traducción se modificara muy levemente?:
Pergamon faces watch me with envy
–I still make mistakes they can't.
Yo podría decir entonces:
Los rostros de Pérgamo me contemplan con envidia
–Yo aún cometo los errores que ellos dejaron nuevos.

O bien de manera mucho más compacta:
Veo la envidia en los rostros de Pérgamo
–Heredo sus errores.

O bien de manera más coloquial:
Me envidian los rostros de Pérgamo
–Sus errores ahora son míos.

O cambiando el lugar del énfasis:
La envidia en los rostros de Pérgamo:
ahora los errores son sólo míos.

La deriva puede seguir y seguir mientras yo no aprenda polaco, mientras el original sea una presuposición que sólo existe de manera retrospectiva. La deriva también me hace admirar la traducción. La deriva: esa serie de errores.

No sabía si algo de la poesía de Adam Zagajewski estaba traducido al español hasta hace muy poco que vi una delgada colección publicada predeciblemente por El Acantilado, esa editorial llena de polacos, y cuyo fundador murió el día de mi cumpleaños.

Casi al final de la pista de la que salen los vuelos a Portugal, a Córcega, a Marruecos, a España, en la orilla sudoeste del aeropuerto de Orly, sigue habiendo un pequeñísimo cementerio con la misma forma triangular que la sección del de Montparnasse donde está *El beso* de Constantino Brancusi.

Al verlo en el despegue, me recuerda que, cuando regresaba de dar clases en Puebla, aunque fuera leyendo o dormitando, siempre volteaba a tiempo hacia la ventanilla para ver un cementerio triangular. En el centro tenía un pozo y junto al pozo unos columpios.

A César Vallejo lo entierran originalmente en el cementerio de pobres de Montrouge, pero treinta y un años después de su muerte, en 1970, sus restos pasan a Montparnasse, donde estará más cerca de Baudelaire.

Buscamos la tumba de Vallejo una tarde de lluvia y no logramos encontrarla.

Al mismo tiempo que escribo este libro, nace otro. Decir que es su reverso sería inexacto. Bastaría leer este libro de cierta manera para ahorrarse el otro. El otro libro habrá de ser la imposibilidad de éste. Mi miedo es no poder resistir, empezar aquél, y no terminar ninguno. Me ha pasado antes. Este libro usurpó el lugar de otro que acaso no logre terminar nunca.

Si *Pozos* es mi libro de amigos, *Torres* es mi libro de amantes. En *Torres* los pequeños fragmentos dicen: Comí piña para ti, le dije un día. Y ella no entendió hasta que mi lengua partida a la mitad por los ácidos y los dulces de Loma Bonita le visitó el coño. Salvo esa noche, siempre me sabía ligeramente a la orina potente de quien come carne muy cruda.

Tres

Si alguien quería formar parte de la comunidad, la servía durante seis meses bajando por agua al pozo. Había que recorrer nueve tramos de escalera, arrastrarse por pasajes estrechos y procurar no resbalar en el piso húmedo, alumbrándose con una antorcha primitiva, para volver después cinco kilómetros a pie con las calabazas llenas.

Las antorchas se hacían de una planta cuya flor les gustaba mucho a los caballos, al parecer notablemente mansos, de la expedición. Mr. Catherwood, anota Mr. Stephens, no necesita desmontar para hacer sus dibujos.

Mr. Catherwood, Mr. Stephens. De pronto imagino una película en que son amantes y se hablan de usted. Acaso porque Stephens usa la expresión "wild hole" cuando se le acaban las palabras racionales en el descenso al cenote.

Tamara dice que esto parece *Brokeback Mountain*. Supongo que sí pero nunca la he visto. Acaso por eso he tenido el tiempo de internarme en los *Incidentes del viaje a Yucatán*.

Freud describe la pulsión como un regreso. El de lo vivo a un estado anterior. "Lo inanimado estuvo ahí antes que lo vivo."

Al principio y durante largo tiempo la sustancia viva, después de una vida minúscula, "murió con facilidad". Pero conforme la excepción se sostenía durante un tiempo cada vez más prolongado, surgió la paradoja. A pesar de que su meta es la muerte, "el organismo vivo lucha con la máxima energía contra los peligros" que le permiten alcanzarla. Ya no se trata de llegar a la muerte ineludible: "el organismo sólo quiere morir a su manera". Más que a Darwin, Freud aquí suena como Rilke.

Después de este pasaje Freud no logra recobrar su compostura. Todo empeora conforme pasa de la metáfora biológica general a las observaciones concretas sobre protozoarios. Saca en limpio que existen pulsiones de vida y otras diferentes que llama pulsiones yoicas. Saca en limpio que las de vida son "revoltosas", "mientras que las pulsiones de muerte realizan su trabajo en forma inadvertida"; saca en limpio, con honestidad soberana, que esta deriva está lejos de haberse terminado de pensar.

Remata su libro con unos versos de Rückert que éste a su vez ha transliterado de Abu Hariri:

Lo que no puede tomarse volando
hay que alcanzarlo cojeando.
...
La Escritura dice: cojear no es pecado.

Leo en Roland Barthes:

Durante las noches de tormenta, en sus grutas, se pasaban de mano en mano estiércol y odio. Es como cuando hoy nos sorprende un aguacero y para evitar el agua de lluvia nos tenemos que meter al agua de santo del Pasaje de los Panoramas.

Sé, sin que nadie me lo haya explicado jamás, que meterse al agua de santo quiere decir compartir el sudor de una multitud.

Leo, en sueños, a Roland Barthes.

El mismo día leyó
la coherencia en
la contradicción expresa la fuerza
de un deseo

y escribió
quién quieres que te vea
escondiéndote

Y más tarde
sus papeles volaron
y cayeron en el agua
y se borrarorn
pero no por completo

leyó
se ha efectuado
un paso
desde un estado en que nada
tenía sentido
a otro en que todo
lo poseía

El mismo día
primero escribió
y después leyó

un paso desde un estado
en que nada tenía
sentido a otro en que todo lo poseía.

Cuando lo conocí era joven, guapo, vendía bien. Compartimos una beca juntos. Él era la estrella odiada en pintura. Decía cosas brutales y verdaderas. Para qué pintas si no sabes dibujar. Yo estaba escribiendo una novela que rebasaba mis poderes. Trabajábamos de día en salas asignadas por disciplina artística. De noche bebía cada uno con quien le daba la gana. A veces bebimos juntos.

Hoy ya no es joven pero sigue siendo guapo. Nos vamos a tomar cinco cervezas y me cuenta que ha viajado a Clipperton. No hay sombra, no hay agua, sólo basura que saca el mar, cangrejos, ratas y pájaros bobos que, como nunca han visto fuego, no lo temen.

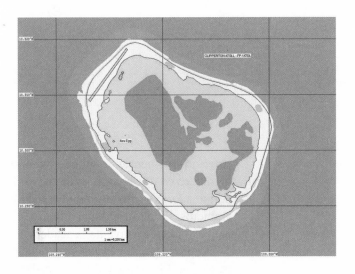

Llevó una biblioteca de islas y la suficiente comida conservada en compotas, salmueras, frascos sellados al vacío para ofrecerles una cena de lujo a cincuenta personas, vestido con un traje cubierto de mierda de pájaro. De regreso a tierra, en Puerto Vallarta, se lavó seis veces el pelo y su amigo y él corrieron a un supercito a comprar toda la chatarra añorada en sus días de Clipperton regresando al departamento a ver la tele. Tristemente, dice, estaba tu programa. Y se ríe sabroso y se termina la cerveza.

Le pregunto por una obra suya. Un fotomural de un cuadro que José María Velasco reprodujo más de una docena de veces en diferentes formatos para diversas exposiciones mundiales. Sobre el paisaje corre un código de barras que si se escanea produce la frase: México está en venta. Ya no es joven y lleva dos años sin vender un solo cuadro. Quizá porque ya no pinta. Ahora es un artista conceptual. Pero son dos años sin vender tampoco sus conceptos.

Hablamos de nuestras parejas y sus grados de locura. Sin decir nombres. Sólo imágenes. Las llamadas a las cuatro de la mañana con la amenaza de meter el gancho de ropa al enchufe eléctrico. La defensa del coche sigilosamente encadenada a un árbol. Ganan las suyas.

Duermo mal pensando en que me acabo de gastar todo mi dinero en un departamento nuevo. Todo el dinero que he ganado básicamente renunciando a escribir novelas ambiciosas y dedicándome a la investigación, a la enseñanza, a la vida suave de la academia.

Despierto pensando que soy el que en lugar de a Clipperton fue a París a estudiar los cuadros de Hubert Robert.

Un libro donde se cuentan historias de amigos como si hubieran muerto. O resucitado.

Un poema escrito con todas las traducciones al inglés que resguarda la biblioteca del Museo Británico de los primeros versos de la *Divina comedia*.

Un disco mezcla partes del *White Album* de los Beatles con partes del *Black Album* de Jay Z. Naturalmente se llama el *Gray Album*.

Un psicogeógrafo y un documentalista recorren el litoral inglés en un cisne de plástico, impulsado por pedales.

Al principio de la novela el protagonista bebe mucho whisky. Al final sólo bebe agua.

Dice Grooveshark que Alfredo Zitarrosa + Louis Armstrong = Nina Simone.

El perro perdido es un whippet impuro que parece un venado.

Un pozo con dos escaleras que jamás se cruzan.

Tomo de *Reality Hunger* de David Shields, del diario *The Guardian*, de una fotocopia pegada a un poste de luz, de *Comme un roman* de Daniel Pennac, de *Unoriginal Genius* de Marjorie Perloff. Tomo de allá y de aquí.

Pésimo latinista, aprendo esto en la frase popular: Impudicitia in ingenuo crimen est, in servo necessitas, in liberto officium, que cita Séneca.

En la antigua Roma servo era el esclavo, liberto el esclavo que se había convertido en ciudadano por manumisión. El ciudadano por nacimiento se llamaba ingenuo.

Que te den por el culo es ilegal si eres ciudadano, obligatorio si eres esclavo y si eres liberto un oficio.

Por cierto, dar por el culo no estaba penado.

A mediados de la década de 1840, estudiando a Voltaire, Gustave Flaubert concibe la idea de escribir un diccionario donde "atacará todo". Veinte años después, le parece que puede incorporar este texto a la tercera parte de *Bouvard y Pécuchet*, esa novela que en la maravillosa lectura de Borges sucede en la eternidad. Pero sólo en 1910 aparece finalmente el *Diccionario de las ideas recibidas*, redescubierto entre los papeles de la sobrina de Flaubert por E. L. Ferrère.

La voz "ruinas" no aparece en el diccionario de Voltaire. El de Flaubert dice: "Hacen soñar, y le dan poesía a un paisaje". Anne Herschberg Pierrot señala en su minuciosa edición que a Emma Bovary "le encantan las ruinas" y son el paseo predilecto de un comerciante de sedas en *La educación sentimental*. En poco menos de un siglo se suspiró tanto entre ruinas que se agotaron por completo sus poderes de evocación.

Pero entonces ¿por qué aparece tachada la entrada? ¿Le parece insatisfactoriamente obvia a Flaubert? ¿Esperaba escribir un mejor lugar común? ¿Cómo se corrige la escritura mala, la escritura de lo desgastado por la repetición? ¿No es acaso que justamente el proyecto completo del *Diccionario de las ideas recibidas* es el de una arqueología: la de las ruinas de lo "original"?

Descubrí por casualidad la ruina del diccionario de Flaubert. En una de las universidades en las que trabajé lo tenían, no en la sección de literatura francesa, sino entre las obras de consulta. Cuando se lo señalé a un colega me mostró que, casi junto al de ideas recibidas, estaba también *El diccionario del diablo* de Ambrose Bierce. Y sonrió y sonreí y desde muy lejos sonrió con nosotros, débil, sarcásticamente y en francés, Gustave Flaubert.

"There are nine questions in this song", dice la cantante. Luego dice más. Dice de más. Lo maravilloso siembre es mejor entreoído, fugaz. Prefiero no copiar las preguntas.

La mejor poesía que se escribe a mi alrededor no sólo sabe callarse, sino sabe que sabe callarse. Al seguir se niega a proseguir. Marca un cauce y de inmediato lo ciega, lo desmadra, lo bifurca; lo traiciona. Sabe callarse y no lo presume; oculta su saber como un puñal.

La canción aparece una mañana en la lista que genera Pandora a través de mi gusto. Llevo pocos días de usarla. Aún no me entero de que existe la posibilidad de saber por qué la eligió. Después de que lo descubro no vuelve a sonar nunca más.

Cuatro

Hans Blumenberg atribuye el ascenso de la metáfora a la erosión del robusto sistema de alusiones que hacía posible el diálogo vivo con la mitología grecolatina. Lo mismo ha sucedido con la iconografía cristiana. ¿Quién hoy por hoy puede distinguir a simple vista a un santo que no sea Sebastián (gracias a su reciclamiento gay) o Pedro (sus llavezonas) o Martín de Porres (el negro de la escoba)?

Me he tenido que enseñar a reconocer a mi propio patrono. No a ese abstinente señor san José, ni al poco popular Ramón nonato, con su candado en los labios (del que hay una hermosa estatua de Juan de Mesa en el Museo de Bellas Artes de Sevilla). Sino al otro, al verdadero.

No es que sea difícil. Tiene un león amigo, se recuerda de la vanidad del mundo con la ayuda de una calavera monda y se castiga con una piedra penitencial. Lo que me hace coincidir con Jerónimo no es el nombre sino la vocación: los libros. Por más que aparezca luchando contra la tentación o mostrando sus carnes flacas y su barba larga, nunca le queda lejos una resma de papel. Curiosamente hasta la Vulgata que va saliendo de sus esfuerzos se pinta como un manuscrito antiquísimo: su tinta confiere al papel no sólo la posibilidad de que la Biblia se lea en latín sino su inmediata eternidad.

En algunos cuadros, junto a los papeles, aparecen unos lentecitos redondos que anacrónicamente hay que llamar quevedos. Ese pequeño detalle logra humanizar el heroísmo que intentaban conferirle los pintores. About writing they were never right, the old masters. Que haya un santo con lentes me hace afiliarme a él sin que importe mi ateísmo innegociable.

Y me afilio a san Jerónimo aun antes de que mi implacable editora impecable me diga que era un santo con muchos amigos, "muy rápido para distinguir algo raro y muy inteligente para platicarlo". Seguro azar.

No conocíamos el espacio escultórico, en un terreno complicado junto al agua, que supongo fue un antiguo reino de heroinómanos y vagabundos, de sexo triste y frío, y que ahora ayuda a que prosperen los bienes raíces cercanos. Hay lo que cabe esperar: Tony Smith, Claes Oldenburg, Richard Serra. Pero sólo decir los nombres es injusto. Las obras de los escultores canónicos son extraordinarias.

Y además están las sillas. Hermosas sillas anaranjadas del tono exacto de la escultura que Calder hizo para la Ciudad Universitaria de México.

Sillas anaranjadas sobre un pasto intensamente verde y el fondo gris del Puget Sound. Si uno va temprano ve a la gente, a sus perros, el gozo de la excepción en este lugar lluvioso; la gente acomoda las sillas para tomar el infrecuente sol, para charlar, para mirar los barcos que salen a Alaska o llegan de Vancouver o de las Islas San Juan. A la hora del cierre sólo quedan las sillas. Una escultura que cambia y cambia, y prueba siempre con sus dibujos los modos en que la amistad existe.

¿Alguien ha notado la enorme cantidad de ejemplos italianos en la *Psicopatología de la vida cotidiana*? Freud vivía fascinado por las antigüedades latinas y viajaba a Roma cada vez que podía. Aunque nunca se pudo pagar un Grand Tour al estilo de los señoritos ingleses que iban a coger una sífilis y a comprar una veduta porque aún no se inventaban las postales; o como Goethe, otra de las figuras recurrentes en la *Psicopatología*. Para Freud Italia es la felicidad en estado puro, el paraíso: no un campo de batalla como Suiza o un bastión como Hungría o un refugio como Inglaterra. Y como todo paraíso, se ha perdido desde siempre; sólo existe como añoranza.

O como olvido: el ejemplo que, como la inyección de Irma en *La interpretación de los sueños*, se convierte en un clásico, está trenzado con Orvieto. Pero no con su pozo sino con los frescos de la catedral. Por más que se esfuerza Sigmund, cuenta Freud, no logra precisar quién los pintó.

Mi olvido siempre es la palabra catacresis: ese término que es el nombre de lo que no tiene nombre. La pata de la mesa, la hoja del libro, la mano del martillo; el lugar donde mi memoria se vuelve ruina.

Hoy en día, con el dominio de la neurobiología, este olvido es el viento del ala del Alzheimer o el síntoma de que hemos demolido demasiadas capas neuronales por aspirar poppers en la juventud, por beber el agua recia de las ciudades, por la falta de sueño y ejercicio. Hoy en día, pensar el olvido como una forma de memoria (Derrida dixit) consuela.

En este momento no retrocedo por las ediciones –José Salmón Paciente Filólogo–, para saber en cuál bailó primero el duende. Incluso se podría llegar a saber incluso qué descuidado cajista fue el genio, quién era el corrector incorrecto. Se hará otro día. Acaso ya se hizo. Lo que importa es lo que dice la versión en la que se produce el desliz:

El pequeño mono me mira...
¡Quisiera decirme
algo que se me olvida!

Es apenas el paso de una letra a otra. El último verso en la versión original dice "algo que se *le* olvida". Pero eso basta para mejorar el poema hasta hacerlo otro.

"Un mono" es quizá el más célebre haikú de Tablada. Adquiere una hondura nueva desde la versión modificada por la errata mejoradora. Se crea un espacio oscilante donde el predominio de la imagen pura "algo que se le olvida" y la inminencia de lo mío que tiene el otro "algo que se me olvida" confluyen sin tocarse, se acercan y al final se evitan. Entre los dos poemas, el dibujo de la deriva.

En los libros del escritor japonés, siempre hay hombres que planchan.

En una novela del escritor japonés hay un hombre que pasa varios días en un pozo, pero ese hombre del pozo, en otro libro, es un hombre que se encierra en un cuarto escueto o en una casa sin ventanas, pensando o esperando unas pocas palabras. A veces son los mismos hombres que planchan y hacen pasta y ensalada de pepino y algas, a veces son otros hombres.

En los libros del escritor japonés, cuando un diálogo parece insalvablemente anodino, alguien se desvía de lo esperado y cuenta una historia sobre Freud, sobre un viaje de Chéjov a una isla perdida, sobre Rafael. Pero también esos desvíos pueden aparecer como procedimiento para postergar una escena de enorme ternura o violencia. Para postergarla y para enmarcarla.

He terminado de leer al escritor japonés.

Viajo a París y mi amigo me presta su departamento. Pequeño y hermoso, cerca del canal San Martín. Él no estará en casa porque tiene un congreso en Sevilla. Aunque llego con el libro que vengo leyendo desde Maryland y los que he comprado en el viaje, me vence la curiosidad. Abandono todo para ponerme a leer lo que estaba leyendo él y dejó a medias para viajar. En *Comme un roman*, encuentro muy felices resúmenes de novelas. El ensayista dice que le preguntaba siempre al hermano mayor ¿y esa novela de qué es? El hermano es un genio del haikú crítico.

Aunque ha sido traducida a muchos idiomas la escritora francesa sólo escribe para franceses. La escritora francesa escribe en imperfecto pero no parece.

La escritora francesa escribe con tal potencia sus párrafos sobre moralidad que parecieran confesiones obscuras. Mejor: revelaciones contra las cuales nos invita a pensar. Pero mientras más se piensan más irrebatibles resultan.

La escritora francesa ya no escribe. Ha muerto. Pero siempre escribió con el pulso de quien habría de morir y por eso no he terminado de releerla.

El poeta español usa la palabra belleza, la palabra calle, la palabra cuerpo. El poeta español usa todas sus palabras para asediar la palabra deseo.

El poeta español se sumerge en la enciclopedia para poder hablar de quien ha sido, de lo que ha sido su vida. Lo suyo no es erudición sino necesidad de encontrar hermanos muertos, nombres en los cuales resuena su verdad.

Leo al poeta después de vivir el momento en que España decide destruir la profunda amistad extendida que es la obra mejor de su posdictadura, la herencia más importante de su paciente curación, tan efectiva que no les permite a muchos ver el abismo al que se aproximan. Leo al poeta en el momento en que está por arder el legado de su generación.

Mientras mi amigo compartía una de las últimas apariciones públicas de Bolaño, su libro de Daniel Pennac me enseñaba lo que siempre había sabido: el ladrillo más elemental de la crítica, el resumen, debe moldearse con la misma inteligencia, con el mismo amor, con la misma malicia que todo lo demás.

Y sé que en cuanto diga sus nombres mato a tres escritores que tú habías imaginado con la precisión de la posibilidad. Entre lo leído y lo no leído. Entre lo olvidado y lo recordado. En el lugar donde estamos en desacuerdo y somos amigos.

Cora: Papi, tienes pelos grises en tu barba.
Yo: ¿Cuántos?
Cora: Doce.
Yo: ¿Y me hacen ver distinguido?
Cora: ¿Qué quiere decir distinguido?
Yo: Inteligente, importante y refinado.
Cora: No.

Otro amigo en Facebook. Y así veo cómo mis amigos son padres.

Las persianas, los libreros, los zoclos, las molduras del techo, una mujer, con velocidad y con precisión, vacía en yeso todos los aspectos del interior de una casa. Una anciana detiene su paseo para mirarla trabajar. "Usted ha hecho esto antes." Ella, saliendo a su camioneta, con un molde, contesta: "Es lo que hago". La mujer mayor se ofrece a ayudarla. "Fui enfermera cuarenta y siete años." La ayuda. Se ríe. En un momento le dice que se ha cansado y se marcha sin ceremonias. Aunque luego regresa con una taza de té.

Varias horas después, acaso con un molde del pomo de la puerta, y la taza y el platito en el asiento vacío del copiloto, la mujer termina. Cierra, echa llave y sin mirar atrás se despide. Y entonces los trabajadores turcos, rumanos, el chileno y su capataz sudafricano pueden empezar la demolición.

Ella duerme mal. No solamente esa noche. Casi todas las noches. Cuando duerme sueña con nazis. Nazis que aún no hacen nada. Nazis que aguardan y por eso le dan más miedo. Y por eso se resiste a dormir.

En el centro de un parque pobre, que el cuento debe hacer sentir sin explicar, con la ayuda de doce albañiles, la mujer reconstruye la casa. Pero la reconstruye con los moldes del interior dando hacia afuera. Como una granada abierta, como guante volteado.

La crítica dice que es la mejor escultura de la década. La más importante. Uno se atreve y dice que es conmovedora. No se sabe si porque está enamorado. El cuento no lo dice pero ciertos lectores del cuento pensarán que lo dice.

Es una historia que cuentan dos borrachos chilenos en un bar de carretera donde tratan de aguantar el frío tomando vino. Bolaño lo hubiera escrito de modo magistral. Y sobre todo, conmovedoramente. Con esas capas delgadas e inexpresivas que iba acumulando hasta formar una cebolla cósmica, empezando desde adentro.

Hay ciertos parques que son siempre tristes, que sin importar cuánto les replanten el césped o cuántos rosales les agreguen, siguen pareciendo un sitio eriazo. El cuento usará esa expresión, porque en Chile se dice sitio eriazo donde en México se diría terreno baldío. En fin, la política arrecia y los concejales de la parte de la ciudad con el parque triste deciden que nadie dio permiso de ocuparlo con una escultura. Hay peleas en los periódicos. Pero sobre todo en las páginas de cultura.

Al final el doble de la casa, la escultura más importante de la década, la conmovedora casa volteada es también demolida.

Lo más difícil para el cuento es lograr que todo lo que ha sacado de la verdad se convierta en ficción. Lo único que yo sé cómo escribir son las últimas líneas:

—¿Y con las piedras qué hicieron?

Pero como no fue albañil en la demolición del parque o porque habían terminado con la botella y con los vasos que el patrón les había servido de yapa o porque ya no llovía y la luz de la precordillera había dejado de parecerse a la luz de Londres o porque siempre había que dejar algo sin explicar para el siguiente bar o por sordera, por pura sordera, no le contestó nada. Se puso el gorro de lana, ya más seco, los guantes con los dedos recortados, se centró la hebilla enorme de su cinturón y empezó a salir, dejando que el otro pagara.

Rachel Whiteread existe, aunque su célebre escultura *House* haya sido demolida. Los chilenos existen, aunque no conozco precisamente a éste. A lo mejor me lo topo una noche en una botillería comprando un vino, pero como soy tímido, será difícil que me entere.

Nadie sabe, y nadie se puede imaginar lo que se siente ser un murciélago, dice un ensayo clásico. Somos ciegos de maneras en que los murciélagos no lo son. Nosotros somos los murciélagos de los murciélagos.

Pompeya aparece en *Gradiva*, la novela de Wilhelm Jensen que fascina a Freud.

Žižek insiste en que Freud (al igual que Marx) es incapaz de pensar de manera radical el antagonismo, pues lo reduce a un rasgo accidental de la realidad en vez de incorporarlo como elemento constitutivo: "la imposibilidad en torno a la que se construye la realidad".

Peter Gay describe al protagonista de esa novela, Norbert Hanold, como "a digger into the unknown, an archaeologist".

La capacidad de pensarlo de este modo sólo surge con el estructuralismo y su lógica diferencial.

En el caso del hombre de las ratas, Freud señala que sólo al explorarse comienza la destrucción de Pompeya.
    Ya en 1895 Freud había comparado su técnica terapéutica con la excavación de una ciudad enterrada.

Sus libros más recientes cortejan una palabra latina. La que nombra el núcleo compartido de una comunidad. La asedia, la habita, nos exige decidir su contenido, pero en ninguno de sus libros la define de manera frontal.

Munus no es un tesoro ni un ancestro común ni un territorio; no es una sustancia sino un hueco, una deuda, un deber, dice tímidamente, con comprensible cautela el filósofo italiano.

Voy al diccionario y encuentro que munus también quiere decir escribir algo a solas. Me gusta que una de las maneras de compartir esa responsabilidad, de ser parte de la comunidad sea la escritura, pero también me quedo pensando en ese énfasis que corroboran distintas fuentes: a solas. Como si hubiera alguna otra manera de escribir.

Cinco

Faisán dice el médico y pone en marcha
el cronómetro
esperando a que la joven diga libre
otra palabra.
Libre.
Alcanza a pensar:
Sería hermoso que la joven dijera
coral.
Pero la joven
que le había traído café

(Buda es más frío en enero
que Pest
que es más frío en febrero
en marzo sale la primera flor
que aunque muere de frío
es la primera flor
y ya entonces
en marzo
nadie sabe)

se quedó en silencio mientras el cronómetro
se desperdiciaba.

Sonrió él
sonrió ella
y la ciencia esa tarde
no avanzó
ni un milímetro.

Así imagino a Sándor Ferenczi, discípulo y alguna vez
amigo de Freud.

No estás el día en que te lloro. Es una mañana de sol en Tacoma. Estoy con Tamara. Yo le he preparado la primera mitad del desayuno y ella me ha preparado la segunda. Como le digo desayuno ranchero pongo canciones en español. Empiezo con Paquita la del Barrio, sigo con Concha Buika y Chavela Vargas; aunque de lo rasposo la curva se desliza a lo triste, la felicidad que me causa la perspectiva de estar juntos un día completo me hace cantar. Pero apenas al principio de la canción, ya no puedo seguir cantando. Cuando le digo a Tamara Voy a llorar, ya te estoy llorando.

En realidad nos lloro.

Lloro todas las veces en que tú y yo cantamos la misma canción. Y la tristeza viene porque nuestra amistad fue tan potente, tan gozosa, tan íntima. Parecía infinita. Fue. Viajamos juntos, hicimos un libro, nos emborrachamos tiernamente. La excusa era el trabajo intelectual: leer nuestras ponencias en congresos. Pero en realidad los congresos eran los lugares en que reanudábamos una y mil veces la amistad y una sola conversación regresaba a los lugares por donde había pasado y continuaba; la admiración y el amor se trenzaban hasta lo indistinguible.

Tú y yo nos amamos esos años.

Y esa mañana que nos he llorado, que es aún esta mañana, conforme la tristeza cede, me siento agradecido, sin saber si la herida es curable o sencillamente la herida llegó para señalar que habíamos agotado nuestra amistad, que habíamos quemado en su fuego todas nuestras ofrendas.

En tu libro, mi contraportada. En mi libro, tu contraportada.

Montaigne coloca su ensayo sobre Étienne de la Boétie justo a la mitad de su libro. Para que esté cobijado, dice. Para que brille. A mitad de su libro el ensayo sobre la amistad. A mitad del libro que es un monumento a sí mismo, su amigo muerto, que es lo mejor de sí.

La herida en sí es completamente anecdótica. En un bar preguntas: ¿Me dirías si mi mujer me traicionara? Y yo te digo la verdad. No. Eso basta. Trato de explicarte. El que avisa de una traición amorosa no es un amigo. Es un imbécil. Pero el que trata de explicarlo es tan imbécil como el que pregunta.

Toda la noche es un error. Pero sucede y no logramos superarla.

Nos seguiremos viendo, hablaremos por teléfono, volveremos a coincidir en congresos. Pero ya nunca será lo mismo.

Quisiera añadir: creo.

Pero leo en la hermosa biografía de Freud escrita por Peter Gay lo que pasó con sus amistades: su rompimiento con Fliess es muy parecido a su pelea con Jung. A Fliess lo trataba de Querido amigo y a Jung de Querido señor profesor. Pero en ninguno de los dos casos, después de la herida, hubo posibilidad de reconciliación. Nunca más volvió a escribir Querido.

Epimeteo quiere decir afterthought o hindsight, me dices.

Epimeteo quiere decir el que se da cuenta demasiado tarde.

Epimeteo es el santo patrono de aquello que Diderot llamó ingenio de la escalera: la respuesta fulminante que sólo se me ocurre cuando he dejado el salón público donde los ingenios de algún otro me han apabullado, la musa del wit que sólo se me aparece cuando voy de vuelta a casa.

Epimeteo está fatalmente destinado a casarse con Pandora.

Epimeteo es el santo patrono de la temporalidad de este libro. Y de la literatura misma. El santo patrono de la curva de la pulsión. Epimeteo en alemán se dice Trieb y en buen español: deriva.

Epimeteo y Pandora viven en el Museo del Prado. El Greco los esculpió de manera diametralmente distinta a las figuras como llamas de sus cuadros. Están desnudos y el coño de Pandora es un hachazo de realismo. Y acaso aquí tendría que aparecer, en vez de este texto, una fotografía cercanísima y brutal de la que mi cámara es incapaz.

Juego poker con Octavio Paz, Walter Benjamin y Frida Kahlo. Es difícil saber cuándo está blufeando Paz, porque casi nunca blufea. Apuesta fuerte y muestra que tiene muy buena mano. Benjamin en cambio es predecible. Es el primero en quedarse sin fichas. Frida es una fiera. No mira sus cartas de frente sino de tres cuartos. A veces mostrando más el lado izquierdo de la cara, a veces mostrando más el lado derecho. Pensé que así podría saber qué mano traía y me desplumó. Pero no sólo jugamos los cuatro. También juega con nosotros un gordito pelirrojo que parece plomero y es mejor que todos. Acaso gracias a nosotros ya no tiene que ser plomero. A veces viene un primo de Paz, o acaso un Paz más viejo, que ya ha aprendido a ser menos serio y nos engaña mejor que Paz. A veces viene un rubio que parece el piloto triste de un avión que no se usa más: un DC-8 o un Avro Constellation. Algo me dice que un día va a venir Gengis Kan y nos va querer matar a todos. Pero todos estamos más o menos muertos, así que no importa.

Una vez Roland Barthes dijo que si intentaba leer de corrido *Los caracteres*, La Bruyère le parecía absolutamente insoportable. Pero que si lo abría al azar, el libro era tan inteligente, tan agudo, su estilo tan perfecto que le daban ganas de leerlo completo. Eso me pasa releyendo a Lacan. Su fatigosa enunciación esta noche deja de ser gratuita.

Lacan recibe de Freud la estafeta de la pulsión. Abandona la dimensión biológica que lastraba el pensamiento de Freud y la sustituye con una dimensión histórica que, dice, está relacionada con una cosa "memorable en tanto memorizada". Lo que regresa en la rememoración es al mismo tiempo necesario e inaccesible, urgente e inalcanzable.

Por eso me fascina la pulsión. Porque es uno de los nombres de la literatura. Ciertos libros crean un pasado que insistirá siempre en mí. Ciertos libros crean una verdad mía. Regreso a ciertos libros para tocar la fuente de muchos de mis recuerdos fundamentales. Y no están en el libro. Ni en el momento en que leí el libro. Lo que encuentro, por el hecho de buscarla, es la ilusión de que estoy recordando algo. En la pulsión quiero llegar a algo que no es directamente accesible porque nunca existió. Algo que desde el inicio ha sido recuerdo.

Para Burke, sólo un degenerado podía preferir el vinagre a la mantequilla. Una de las pasiones del siglo XVIII fue no tanto el gusto, que surge en el instante mismo de la abundancia más elemental, como tratar de precisarlo. El ejercicio era un reto para las capacidades de la prosa. Cazar con las redes de la razón la conducta que parece completamente individual resulta irresistible. Permite las bodas de las Luces y el romanticismo naciente.

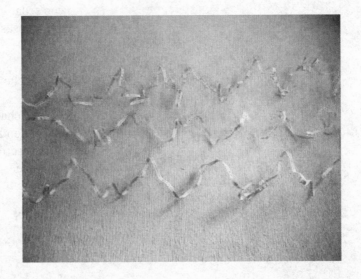

Lucien de Rubempré tratando de hacerse escritor escribe
con saña contra una novela que lo ha cautivado. "Ahora
la vas a elogiar", lo instruyen sus amigos. Y así lo hace con
otra firma, en otro diario.

Debería ser más fácil poder decir la verdad acerca de
su gusto, pero la ha perdido escribiendo. Cuando Lucien
escribe el tercer artículo haciendo el balance crítico de la
polémica, ha dejado de tener gusto. Lo ha vendido por
veinte luises.

Habla sobre China

sólo allá se sabe
delgadísimo
y dulcemente brillante
fabricar el papel

nadie sabe
si se hace con bambú
o con seda
entre prensas de porcelana

habla
el muchacho enamorado
del papel
con la muchacha enamorada
el papel donde
podrían escribir
finalmente
todo
su amor

pero dice
China

La cruel lección sobre el gusto del siglo XX es que ninguno de los objetos que creo que quiero son capaces de satisfacer lo hondo de mi deseo. Pero saber también que esta conciencia no me ayuda a no desear. Ninguna cosa me produce la felicidad inmensa de la Cosa que tuve alguna vez, la Cosa que, de otra manera, sé que no existe. This is not what I meant at all, también quiere decir esto. Un mercado brutal me ofrece sin cesar objetos que deseo y que apenas los adquiero (peor: cuando ni siquiera he comenzado a pagarlos) me frustran. La ambición crasa de tener enormes cantidades de dinero es la de colocarme en el umbral de la potencia adquisitiva que aún no se ha equivocado. Puedo comprar cualquier cosa, pero todavía no la compro. Estoy por cometer mis errores.

A cambio de la música gratuita, del correo electrónico, del disco duro virtual, cedo todos los días el derecho a que varios cerebros digitales analicen mi gusto. La idea es crear un motor del gusto. Una máquina capaz de ofrecerme exactamente lo que quiero, con base en lo que he querido. Por eso se equivoca el proyecto del genoma musical. El robot del gusto no entiende que cierta película me gustó porque durante la proyección, en un cine irrecuperable, besé a mi primera novia; no tiene cómo saber que cierta canción es para mí el one hit wonder del grupo que la canta y entonces el resto de sus discos me la sudan. A pesar de todo, intento construir con este libro una maquinita del gusto.

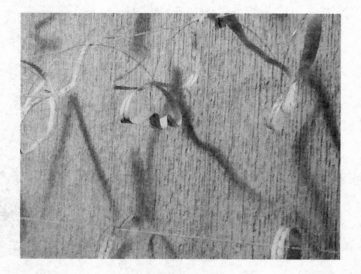

Después de las batallas las soldaderas estaban encargadas de la rapiña. Desnudaban completamente a los soldados. Para distinguir a los oficiales, les dejaban puesto un calcetín.

No las soldaderas de la Revolución, sino las del siglo XIX. Sí, ya había soldaderas. Ya se llamaban soldaderas. Lo cuenta *La génesis del crimen en México*.

¿Cambiaría la foto si no se hubiera tomado a colores?

Los grandes botones de concha nácar son blancos. La tela es blanca también. Un blanco intrincado, geométrico, un blanco para quien sabe mirar cuidadosamente, para quien sabe esconderse a plena luz, para quien sabe quedarse quieto.

Es un retrato. Aun cuando el cuerpo haya retrocedido, el vestido muestra un gusto tan fiel a sí mismo que no importa. Bajo el planchado museográfico se levantan de nuevo los pechos desperdiciados, el perfume denso del enclaustramiento pero sobre todo –mejor que la mano, que los ojos del color de Nueva Inglaterra– allí está el trabajo. Si Kant hubiera sido un travesti se lo habría puesto para escribir.

¿Cambiaría la foto si no supiéramos que es el único vestido que queda de Emily Dickinson?

Seis

Mi padre no tiene amigos. Y no siempre ha sido solo. Es más bien que en algún momento dejó de hacer el esfuerzo necesario para conservar la amistad de quienes habían sido sus amigos y le dio pereza encontrar amigos nuevos.

Florecerán en su desorden unos meses más.
Han tomado la casa
se desparraman obscenas y feroces
intuyendo que esa libertad
es falsa,
tratando de defenderse con flores
como muchachos.

Me preocupa él y me preocupa, también, ser como él. Me preocupa porque, poco a poco, descubro en mí más semejanzas, manías, giros y gestos de él.
   No me odio por ejercerlos porque se puede ser mucho peor que mi padre: es un héroe menor, inteligentemente triste, que sabe que podría haberse vivido diferente, pero acaso no mucho mejor.

Quedan las paredes,
las vigas,
las ventanas.
La casa sin muebles
ha liberado
su corazón callado.
Su secreto cardinal.
Ya no puede proteger a nadie.
Está muerta.

Y en su jardín
luchan las azucenas,
los helechos,
el limonero
contra las hierbas vagabundas
invitadas del viento.

La higuera
de donde salieron
las higueras
de las casas de mi vida
está cuajada de frutos.
Corto dos
soberbiamente maduros.
Misterio: me he adelantado a los pájaros.
Ya no quedan gatos pero acaso
sienten otro miedo
                              distinto.

Lo admiro porque se puso a leer a los veintiún años y se atrevió no sólo a Conan Doyle y Salgari sino también a la *Crítica de la razón pura*. Comenzó a leer a los veintiún años y no paró nunca. Leyó al mismo tiempo que yo a Cortázar y después a Lezama Lima. Acaso algún día olvide que ante mi entusiasmado descubrimiento de *El Llano en llamas* se sorprendió: No sabía que te gustaba el costumbrismo.

Hoy son los ojos dulces de la despedida.
Lo que la casa ya no puede ser.
El gesto de levantarme en puntas de pies
y recorrer al tacto
esta galaxia de brevas
es la repetición final
de algo que aprendí a hacer de niño.
¿Quién me enseñó?
¿Qué fantasma?
¿Cómo tener hijos si ya no habrá frutos?

Solo
en mi casa
como la breva menos madura.

La otra es para un fantasma
que se enamoró hace exactamente
cien años. *Go on James*.
A cambio de sus cartas tristes
y sus libros luminosos
esta breva
que comerá mi hermano.

Con dos posgrados (que empezó y terminó cuando ya
habíamos nacido sus cuatro hijos), un héroe menor que
se aferró a la clase media incluso en los sucesivos de-
rrumbes de México; un héroe menor y sin amigos.

Casi al principio de la novela, cuando aún no soy amigo de ninguno de los personajes y no me ha encauzado el tono todavía, leo algo que me parece extraordinario: "le dio la mano a la manera antigua". Lo mejor es que no sigue ninguna explicación. No sé si los portugueses de fines del siglo XIX empezaban a olvidar esa manera, como ahora, que menos y menos hombres se dan la mano. Prefiero pensar que nunca existió y gracias a esa pequeña genialidad de la novela surge como un fruto arqueológico.

La ilustre casa de Ramires era una de las novelas de Eça de Queirós que le gustaban a Borges. Creo que porque el tenor de su humor es intermedio; sonriente, pero que retrocede antes de llegar a la risa; como *Bouvard y Pécuchet*.

La novela no termina, se interrumpe. Se interrumpe así: en un cuarto a oscuras, tratan de dormir un hombre y una mujer. Han prometido no hablarse. Pero es imposible. También parece imposible saltar al deseo, pues una criada los acompaña. En la última línea del libro el hombre extiende la mano en la obscuridad. Lo que sería banal si continuara la aventura pero gracias a la interrupción se convierte en imagen memorable.

Rafael Pérez Gay dice que Manuel Payno admiró hasta el plagio *El viaje sentimental por Francia e Italia* de Laurence Sterne. El viaje no llega a Italia porque Sterne muere de la tuberculosis que lo torturó desde sus años de estudiante. Después de muerto, su cuerpo es robado de la tumba y cuando está en el anfiteatro de Cambridge para ser utilizado en una lección de anatomía, acaso por la gran nariz, alguien lo reconoce.

¿Qué tienen en común los regresos? ¿A qué se regresa?

Poco a poco Lacan va asediando el lugar del lenguaje al que apunta el movimiento de la pulsión. A ese lugar al que va. Y va regresando. Ese lugar, dice finalmente, es el del punto de lo infranqueable o de la Cosa. El lugar donde aparece lo súbito, el *ex nihilo*. Lo que resulta imposible de pensar para el evolucionismo.

Esta Cosa se puede discutir desde diferentes teorías: como la Cosa en sí en la formulación de Kant o, desde Melanie Klein, como el placer perfecto que nos dio nuestra madre al inicio de la vida y que después perdemos para siempre. Lacan la define como aquello que se ubica más allá de la cadena de significantes, el lugar donde tiene su causa el lugar del ser.

Para mí, en esta noche de este libro, la Cosa es el silencio que hace que lo aparentemente recto de los textos se curve. Lo que obliga a que un texto se vaya de sí y convide a otro a formar una constelación cuya forma no diseñó de manera voluntaria. Un dibujo que es la cifra de mi deseo. La Cosa no es la Madre primordial sino el libro final que a Borges le gustaba pensar a través de Mallarmé.

El elefante es inteligente y justo, y alaba al sol y a la luna, nos dice Plinio el Viejo.

Sebald aprendió a ser más silencioso: en la primera versión del poema también había un rinoceronte paciendo en un jardín inglés. Y un globo aerostático.

Funes lee el capítulo XXIV del libro VII de la *Historia natural*. En la traducción de Gerónimo de Huerta, uno de los pasajes a que Borges nos invita sin citarlos, dice así:

> Simónides Médico halló y compuso el arte de la memoria y después fue limada y puesta en perfección por Metrodoro Scepsio, para que cualquiera que oía, en oyéndola, la pudiera repetir por las mismas palabras. Pero ninguna cosa en el hombre es más fácil de perder, o por injurias o por enfermedades, y de varios casos, o por sentir temor, unas veces en particular, y otras en universal. Uno que fue herido de una piedra, se olvidó de las letras. Otro que cayó desde lo alto de un techo, se olvidó de su madre y de sus parientes y amigos. Otro enfermo se olvidó también de su propio nombre.

Por supuesto lo que le sucede a Funes es exactamente lo contrario. La caída del caballo lo condena a una memoria más que perfecta, absoluta, monstruosa. Pero vale la pena leer un poco más a Plinio:

> Así que muchas veces estando bueno y firme el cuerpo, tienta faltar memoria e imagina dudando. Y también hace que el vano entendimiento vacile y dude en qué lugar está.

Me gusta muchísimo "imagina dudando" porque define de manera precisa lo que Funes no puede hacer. Y lo que la diferencia entre los dos poemas de Sebald logra. Acaso deberíamos pensar la mimesis precisamente como la transmisión exquisitamente sutil del proceso mediante el cual un autor imagina dudando.

La versión genial de Gerónimo de Huerta es parcial. Alcanza apenas a cubrir once libros de la *Historia natural*. Así que nos quedamos sin saber qué hubiera hecho con imago, que suele traducirse de manera sosa –y equivocada, añade Didi-Huberman– como retrato. Imago era en la Roma antigua la máscara de cera que se hacía de los rostros de los ancestros con fidelidad perfecta y constante: una tradición sin traición.

No obstante, ya para la época de Plinio estas máscaras mortuorias se retocaban con libertad. La mimesis había dejado de ser imitatio. Y la imago era de nuevo algo que se imaginaba dudando.

Dice el antropólogo que aún hoy en día, cuando en los casi intransitables bosques de la isla acontece el improbable encuentro de dos que no se conocen, dos de tribus distintas, la conversación se convierte en un vertiginoso repaso de genealogías, de redes de posibles amigos. Si hay un pariente o un conocido en común pueden evitar matarse.

Jared Diamond, en este caso.

Le dijo al antropólogo: He comido a dos personas en mi vida. A un hombre y a una mujer. Sabían exactamente igual.

No recuerdo de dónde me viene este dato, tan encantador que tiene que ser apócrifo. Si non è vero è ben mangiato.

Y si no fuera a una isla remota y tupida, sería al pasado o a la infancia a donde desterraríamos estas experiencias tan potentes que no caben en nuestra formulación de la amistad y la enemistad, mucho más sutil pero también más pálida. Ese lugar donde se esconde su cimiento secreto, obscuro y sagrado como el hoyo en la tierra donde se sacrificaba un gallo negro antes de comenzar a construir la casa.

91

Hay ciertos libros –*Saña* de Margo Glantz, *Fragmentos de un discurso amoroso* de Roland Barthes, los *Petits traités* de Pascal Quignard, *Swimming Studies* de Leanne Shapton, *Reality Hunger* de David Shields y *Las ciudades invisibles* de Italo Calvino– que están tan cerca de mi proyecto que me resulta imposible citarlos de manera amplia. Éste es el lugar donde confieso mi deuda, en donde confieso que lo trouvé est toujours déjà volé.

Vamos en un taxi pirata por el camino largo a Uxmal. Los tres de atrás hablamos de una selva del Istmo de Tehuantepec, donde aún quedan jaguares Los dos de adelante hablan del camino. ¿Qué quiere decir el nombre de este pueblo? Quiere decir: Por donde se pasa. Hablamos de cómo murió repentinamente el filósofo con el que nuestra amiga estuvo casada media vida y de la selva donde vive su hijo. ¿Cuánto nos va a costar el restaurante de lujo? Poco. Aquí el lujo no se paga. En la selva del Istmo sólo es posible usar el teléfono celular en la cima de una colina. ¿Qué quiere decir el nombre de este otro pueblo? Quiere decir: Cuando ruge el venado.

El caimán está muy flaco
no se puede mantener
le sucede como al gato
que chilla y se sienta a ver
la carne en el garabato
sin podérsela comer.

Como no tiene reloj
se guía por las cotorras.

Si salgo a bailar
hago mucho ruido
ya parezco río.

En su casa de Xalapa mi amigo nos canta "El buscapiés". De regreso, en el Metro de la Ciudad de México
me ofrecen uno de esos discos con más de cien canciones. No está "El buscapiés" pero sí estos sones veracruza-
nos y huastecos que cambian todos mis trayectos cuando
los oigo en el coche. No pocos días soy el que maneja
cantando por Houston.

El gusto ha sido de todos
así como el día y su luz
así como el día y su luz
el gusto ha sido de todos
ahi disfrútelo a su modo
que es parte de la salud.

Me da cuando te deviso
olor a pera madura
nomás que se me afigura
que ya tienes compromiso
y por eso son las dudas:
no me entierro en lo macizo.

Casi al inicio, desde el costado izquierdo del escenario de cabaret, un hombre le dice a otro: ¿No es curioso ver las cosas de lado? El otro no le contesta. Estamos fumando juntos nuestro primer cigarrillo. El otro sigue callado. Le tiene miedo. No sabe de dónde viene el miedo. Preferiría pensar que del pasado.

Nosotros sabemos que no es así.

El final de la película es éste: el hombre dice: El miedo venía del futuro. El otro, desde su lado derecho lo ve fumar su último cigarrillo y luego envenenarse. Lo ve morir y siente asco. Sólo se atreve a mirarlo de lado. Su miedo se ha convertido en horror.

La película es tan intensa que su simetría no le pesa.

Ciertas películas de Bergman se mezclan en mi semiolvido. Incluso *El sacrificio*, que no es suya, va goteando hacia ese pozo donde se mezclan *Gritos y susurros* con *Persona* y de donde poco a poco se escapa *Escenas de un matrimonio*. Semiolvido es el lugar donde los datos se convierten en memoria.

Tal vez tendría nueve años, pero creo que tenía menos. Era invierno y se suponía que había nevado en el Ajusco. Mi mamá y otra señora nos subieron a la camioneta, éramos como diez niños, y nos llevaron a ver la nieve. Todos íbamos emocionados, todos queríamos ver la nieve y hacer un muñeco con sombrero y nariz de zanahoria. Subimos por la carretera sospechosamente vacía. Y subimos y subimos. Hasta un bosquecito en el que la nieve no alcanzaba ni para un muñeco con sólo la cabeza.

Mi hermano le pidió permiso a mi mamá para explorar un poco el bosque. Yo quise ir con él y otros cinco niños. Subimos una lomita, jugando a la guerra y lanzando piedras contra los árboles. Después, planeamos inventar que habíamos encontrado mucha nieve, para hacernos los interesantes, supongo. Después de un rato decidimos regresar. O lo intentamos. Bajamos por un lado por el que no habíamos subido y muy pronto nos dimos cuenta de que estábamos perdidos.

El susto fue dando paso al miedo y, luego, a la más absoluta desesperación. Todos llorábamos y prometíamos ser buenos y no contar la historia de la nieve. Supongo que se lo decíamos a un dios tanto como entre nosotros.

Me acuerdo de una extensión enorme de pasto seco, sin nada alrededor y el miedo de la noche que se acercaba cada vez más. Caminábamos sin idea de adónde, sin saber si estábamos más cerca o más lejos, y tampoco de dónde. Un tiempo después, a lo lejos, una granja (al menos siempre he creído que era una granja, aunque no tenga mucho sentido).

Nos acercamos y, siempre se lo voy a agradecer a mi hermano, él sabía dónde nos habíamos estacionado. Le pidió a un señor que nos llevara, le dijo que nos habíamos perdido. Todavía hoy se me pone la piel de gallina de sólo pensar todo lo que podía haber pasado. No pasó nada; el señor nos llevó al lugar donde había empezado el recorrido.

A lo lejos vimos la camioneta blanca, esperándonos. Mi mamá le agradeció al señor, pero yo que pensaba al fin estar a salvo no sabía que la peor desesperación que había sentido nunca sería sólo una pequeñísima parte de lo que iba a sentir en esos momentos.

Mi hermana estaba llorando y yo necesitaba que mi mamá me abrazara y me dijera que era un alivio que hubiéramos regresado. Mi hermana lloraba, pero mi mamá estaba furiosa y yo no entendía nada. Ni un abrazo ni un "qué bueno", sólo sabía que estaba furiosa. Nos subimos a la camioneta y nos fuimos de regreso. En la carretera, mientras manejaba tan enojada, lo único que dijo fue que ya se habían ido, que nos habían dejado ahí, y que si mi hermana no le hubiera pedido que regresara por nosotros, ya no hubieran estado.

Mi hermana lloraba todavía y yo todavía lloro si pienso en ese día. En sólo unas horas, le debía la vida a mis hermanos. Y en sólo una frase, se me había roto el corazón y mi mundo había dejado de ser seguro.

Durante muchos muchos años, ni siquiera me atreví a contar esa historia o a pensarla. Sólo existía en mis pesadillas, en las peores, y siempre, siempre, era la misma, con el mismo final: "Si su hermana no hubiera llorado y no me hubiera pedido tantas veces que me regresara, yo los hubiera dejado ahí".

Apenas hoy puedo escribir la historia, pero mi corazón se quedó siempre un poco fracturado y no sé si algún día logre entender lo que pasó por la cabeza de mi mamá.

Mi hermano Juan Manuel es un grandísimo escritor de pequeñas ficciones. Esto no lo es.

En una sesión de su seminario sobre la pulsión de muerte Lacan señala la diferencia fundamental entre necesidad y deseo: "no es posible reducir la función del deseo haciéndola surgir, emanar de la dimensión de la necesidad".

En esta lección Lacan comienza con un gesto típicamente caprichoso: Freud no era marxista, declara. El comentario parte del hecho de que Marx escribió sobre la *Filosofía del derecho*, donde Hegel define los fundamentos del Estado burgués: la razón y la necesidad. Hegel dirá lo que quiera, pero para que la razón y la necesidad tracen la figura humana, se necesita el deseo. Y ésa es la contribución de Lacan el 4 de mayo de 1960. Que era miércoles, por cierto.

Algo se conjura en una fecha. Se produce cierto orden y una cercanía entrañable. Ignoro cómo sabemos que Platón nació el 7 de noviembre. Ignoro si en Grecia se celebra como fiesta nacional. Después de todo, en Argentina se celebra el día de la muerte de San Martín y en México el del Grito de Independencia (un día demasiado temprano, en San Porfirio) en vez del natalicio o la muerte del cura Hidalgo.

¿Qué pasa cada vez que llega para nosotros la hora del deseo?, dice Lacan más adelante. A diferencia de la necesidad, uno no acaba de acercarse, y las razones son inmejorables. En parte estas razones son las que estructuran el dominio del bien. Cuando uno se aproxima demasiado al goce, el bien se erige como barrera.

La segunda, en un círculo aún más cercano, es la belleza. La belleza está más cerca del mal que del bien.

Pero cuando llega la hora de Antígona –en quien se abrazan la belleza y la lumbre ética, la que vive y muere en el umbral mismo del deseo– Lacan deja de ser el mejor guía en el camino de la pulsión.

El símil es una máquina simple. Como el plano inclinado. Permite que la prosa pase de un nivel a otro sin dejar de rodar, perdiendo muy poca velocidad o apenas acelerando. Por eso la narrativa opta por el símil que le da amplitud e inventiva sin deslumbrar ni distraer como la metáfora, que es un tiro vertical.

Cuando Carmen decía Recluta uno podía escuchar la música de fondo de una calle de Andalucía llena de pobres conscriptos de permiso, buscando una pensión barata o un tren para escapar del cataclismo tantas veces soñado;

¿Pero qué pasa cuando el símil, en vez de ser un trazo, se convierte en dibujo y el dibujo se completa, se enriquece, adquiere perspectiva y movimiento?

su silabeo arrastrado y luminoso, que al Recluta, por otra parte, le encantaba al grado de poner los ojos en blanco, tenía algo de baño colectivo de hombres

¿Qué pasa cuando el plano inclinado desciende y desciende, cuando su suavidad persevera; cuando se torna pozo?

con un agujerito en el techo por donde la hija pequeña del capitán general observaba la tortura de cada mañana bajo las duchas frías.

¿Qué pasa cuando el símil se bifurca?

Bueno, entonces una ducha fría era algo tentador, el calor espesaba el aire y uno se pasaba la horas sintiendo amargura y boqueando,

¿Qué pasa cuando el símil, que parecía haber escapado a su órbita, regresa?

pero en la voz de Carmen esa ducha fría era terrible.

¿Qué pasa con el material al que se vuelve desde un descenso demasiado largo?

Terrible, sí pero deseable y metódicamente de maravilla; el Recluta trabajaba en los contenedores o pidiendo cajas de cartón directamente en las tiendas y almacenes, luego vendía su mercancía a un trapero, el único de Z, un cabroncete y explotador de mucho cuidado y allí concluía la jornada. El resto del día intentaba pasarlo junto a Carmen, propósito no siempre conseguido.

Nadie explora de arriba como Roberto Bolaño este símil desbocado. El ejemplo es de *La pista de hielo*. Una manera de leer su ficción, y no la menos potente, es prestar atención a la forma en que sus líneas narrativas van avanzando hasta el momento en que estallan en la imagen, cuando la imagen se libera del argumento al que supuestamente tendría que apoyar. Pienso en el final de *Amuleto*, cuando el baño de la Facultad de Filosofía y Letras se convierte en la Sierra Madre. Pienso también en *2666*, cuando un hombre explica el miedo absoluto:

> El médico eructó un par de veces, se revolvió en el sillón y contestó que era una mirada como de piedad, pero piedad vacía, como si a la piedad le quedara, después de un periplo misterioso, tan sólo el pellejo, como si la piedad fuera un pellejo lleno de agua, por ejemplo, en manos de un jinete tártaro que se interna en la estepa al galope y nosotros lo vemos empequeñecerse hasta desaparecer, y luego el jinete regresa, o el fantasma del jinete regresa, o su sombra, o su idea, y trae consigo el pellejo vacío, ya sin agua, pues durante el viaje la ha bebido toda, o él y su caballo la han bebido toda, y el pellejo ahora está vacío, es un pellejo normal, un pellejo vacío, de hecho lo anormal es un pellejo hinchado de agua, pero el pellejo hinchado de agua, el pellejo monstruoso hinchado de agua no concita el miedo, no lo despierta, ni mucho menos lo aísla, en cambio el pellejo vacío sí, y eso es lo que él vio en la cara del matemático, el miedo absoluto.

Si, como dice el lugar común crítico, una alegoría es una metáfora continuada, ¿qué es un símil continuado; un símil del que ha desaparecido el como que subordina la imagen al flujo narrativo o ensayístico? ¿Y por qué ciertos símiles —"*como* un montón de piedras"– resisten la subordinación y se literalizan de inmediato?

Casi al final del partido el entrenador del equipo que va a ganar le toma la cara a un jugador del otro equipo y le da una palmada suavecita. Muy veloz. El muchacho ni siquiera se detiene.

Si el entrenador se tardara un instante más o dijese una sola palabra o golpeara la mejilla un poco más fuerte o sonriese de cualquier otra manera, su gesto sería de burla. Pero así, perfecto, es la molécula de la amistad. Lo más probable es que el muchacho nunca juegue en un equipo dirigido por este entrenador. Que acaso se enfrenten de nuevo pero sólo se saluden protocolariamente. Es probable que sólo yo recuerde este momento en que hermosa y fugazmente fueron amigos, y que me hace querer querer más a mis amigos.

Siete

Mimesis es una palabra mágica. Aristóteles, el que todo define, la usa y calla. Su traductor al latín se equivoca y la vierte como imitatio. O acaso no se equivoca: deja expuesta su parte inofensiva y guarda más allá de la letra su verdadera esencia. Que siempre está más allá de la letra. O más acá. Cerca y lejos.

Qué solos estos pasos
que debieran ser los de siempre.
Cansan.
Van hacia un miedo nuevo.
Qué solos, qué vacilantes, qué lentos
qué terriblemente ciegos
quiero decir
o quisiera no decir
qué suyos son
estos pasos míos.

Mimesis es, claro, imitación pero también y sobre todo imposibilidad de imitar. En la grieta misma de esta relación, la mimesis nos enseña a mirar los materiales con que se intenta y se fracasa. Poco a poco aprendo a ver en una escultura a quien en ese momento no sólo es dios sino también un muchacho frágil y muerto. Poco a poco miro también el mármol. Un muchacho y su madre, que es dolor puro, pero también el brillo que sólo se logra al afinar el mármol con paciencia y una lija de piel de tiburón.

Escribo estas notas todo el día. No solamente cuando me siento a escribirlas. Me persiguen de noche, en el umbral del sueño y sueño adentro. Estoy a punto de ver una película y tengo que detenerla, buscar mi libreta, hacer un apunte.

Vine a recuperar un libro,
a encontrar mis páginas
entre sus páginas.

Pero nadie se encuentra
dos veces
en el mismo libro.

No me deja leer el hermoso, importante, largo libro con el que quiero pasar el verano, que quiero subrayar a ambos lados del margen, discutir en futuras clases.

Lo que más me inquieta es que cuando comienzo a escribir este capítulo llega otro libro, que me recomendó mi amigo la mañana en que le conté del proyecto de *Pozos*. Y en el libro que me recomendó mi amigo, el segundo capítulo se llama "Mimesis". Así que escribo contra mis ganas de correr a leerlo. Escribo antes de llegar a mi acuerdo o desacuerdo.

La mimesis es el lugar donde dialogan en su bifurcación siempre incompleta lo imposible y lo impostulable: la operación de la mimesis es sumamente fácil de postular pero imposible de llevar a cabo. La relación entre lo postulable y lo posible se construye con un intento llamado imitatio cuyo fracaso parcial se llama mimesis.

Yo
   no me encuentro más
porque ya no sabré nunca
                            ser-
me sin él
: mi amigo.

He perdido algo más hondo que mi nombre
   y que no sabe
capturar ni siquiera
el minucioso aljibe del recuerdo.

He perdido mi manera perfecta
de ser no yo
sino más que yo.

La mimesis nos hace volver sobre las posibilidades del medio: el fracaso no es solamente una carencia sino también un exceso, el del medio mismo que muestra su indocilidad. Nada es un espejo. Nada es pura forma donde cabe cualquier contenido. Odio estas dos metáforas.

Ésta no es una competencia, es una investigación.

Si pensamos en los triunfos de lo abstracto, queda el lien-
zo; el parecido ya no se produce respecto a ningún paisaje, a ninguna persona; la sutil raíz que lleva a la imitatio
toca los soportes elementales de la pintura. A todos los
lugares del museo mental donde se produjo el exceso material, el accidente que permitió las pequeñas fugas, los
errores nimios; las variaciones que llamamos estilo o manera. Por decirlo de forma compacta, la relación es más
parecida a la de una ejecución musical respecto a la par-
titura que a la de una fotografía respecto a su modelo. Y
entonces se revela un aspecto más del aprendizaje: lo que
toda mimesis imita no es a un referente sino a una mimesis ingenua, originaria e inexistente que verdaderamente
se ocupaba de un referente. Toda mimesis es mimesis de
la mimesis.

Aprendí en psicoanálisis cuánto puedo odiar al que se
parece demasiado a mí.

Pero todo esto palidece cuando se produce el desplaza-
miento verdaderamente mágico de la mimesis. Cuando
volvemos la mirada desde el texto al objeto. Al atravesar
la pedagogía de la mimesis aprendemos que el objeto mismo difiere de sí. Que lo que verdaderamente imita la
mimesis no es su estabilidad sino la grieta que arruina su
esencia.

El libro que me recomienda mi amigo trata sobre la realidad; es un regreso más a la realidad. El libro, dice el libro, es un manifiesto. La verdad a mí me interesa más el
deseo.

Qué diferentes estos pasos
que ya no reconocen sus andanzas
que no son armonía
de la melodía de tanto tiempo
        (tanto que los sentimos siempre)
de una escritura
de un dibujo largo
sobre el mapa de la misma ciudad.
Qué diferentes
    qué solos
        qué inútiles
            qué nuevos.

Como nos enseñó Cernuda, realidad y deseo son parte de
la misma imposibilidad. Imitatio y mimesis habrán de ser
sus nombres secretos.

Mi primer recuerdo feliz del kínder: en el tanque de arena dos niños excavamos y excavamos hasta lograr saludarnos subterráneamente. Es emocionante darnos la mano en esa época en que aún no habíamos aprendido a darnos la mano. Decíamos Hola o no decíamos nada. Antes de ese libro no había recordado eso. Sin este libro no lo habría recordado.

En cambio mis primeros recuerdos infelices del kínder son falsos. No me cabe duda de que sucedieron. Pero son falsos en el sentido de que no los recuerdo. Recuerdo a mi madre y a mi tía contándomelos.

Llego al kínder y lloro. Me niego a entrar al salón. La maestra se asoma y dice que va a contar un cuento. Esto logra convencerme. Entro, oigo el cuento y gozo mucho. Al terminar el cuento me vuelvo a salir del salón. A llorar en unos troncos pintados de color naranja.

Cuando el poema es:

One Sister have I in our house –
And one, a hedge away.
There's only one recorded,
But both belong to me.

One came the way that I came –
And wore my last year's gown –
The other, as a bird her nest,
Builded our hearts among.

She did not sing as we did –
It was a different tune –
Herself to her a Music
As Bumble-bee of June

Today is far from Childhood –
But up and down the hills
I held her hand the tighter –
Which shortened all the miles –

And still her hum
The years among,
Deceives the Butterfly;

Still in her Eye
The Violets lie
Mouldered this many May.

I spilt the dew – But took the morn –
I chose this single star
From out the wide night's numbers –
Sue – forevermore!

y cuando el poema es:

I am in love with my brother's girlfriend. I am as fond
of her as I am of my younger sister, though I do not
want to have sex with my younger sister. My brother's
girlfriend's name is Sue, and I want to have sex with
her.

El único vestido que queda ¿es el mismo vestido? ¿Lee-
mos del mismo modo el color blanco del vestido que
queda? Leo para poder volver a los lugares donde ya
estuve. Leo para que, cuando vuelva, sean otros lugares.

Cito de *The Emily Dickinson Reader: An English to
English Translation of Emily Dickinson's Complete Poems*
de Paul Legault, que además de ser divertidísimo, me-
recería ser leído junto con *El Polifemo sin lágrimas* de
Alfonso Reyes, el único intento semejante en español,
aunque no tan pop, claro.

No hay en su idioma una sola palabra que se pueda aislar, incluso resulta difícil encontrar las cesuras que marcan el final de una palabra o de las oraciones. En muchos momentos parece que cantaran, que estuvieran a punto de cantar. Es una charla que es un juego que es un fluir sin nombre que habita entre muchas posibilidades cuyo borde no tiene nombre entre una y otra. Al principio y en el recuerdo es hermoso. Pero no están juntos. Y dura horas. Ha comenzado en Ámsterdam y conforme rodamos hacia París, donde yo tengo una presentación temprano en la Casa de México, el asunto va perdiendo encanto, va convirtiéndose en una especie de música del insomnio.

Es acaso la una y media de la mañana cuando un belga tímido les pide con enorme amabilidad que se callen. Hay un momento de expectativa. Pero al final no sólo mandan a la mierda al belga. Su charla o su canción o su rezo colectivo se reanuda con más potencia, con crueldad rítmica.

Pero a veces la tinta es más poderosa que la lengua:

En una parada de descanso, poco infierno después, los dos bajan, supongo que a tomar agua para que sus gargantas sigan funcionando y a drogarse un poco más con lo que han comprado en Holanda y llevan a vender a París. Me doy cuenta de que uno ha dejado su chamarra abandonada en su lugar. Y como en un sueño arranco con los dientes la punta de mi bolígrafo y deslizo el repuesto decapitado en el bolsillo. Soy invisible. O acaso todos me ven y nadie dice nada porque soy la continuación maligna del belga amable.

Al llegar a París el tipo se pone la chamarra y para mi enorme gozo mete de inmediato la mano en el bolsillo. Si yo tuviera una cámara. Y los huevos para usarla en un momento como éste. La tinta le produce miedo y asco y sorpresa. Nos mira a todos con cara de asesino y no logra adivinarme. Tampoco ha visto nunca *Fuenteovejuna*. Así que me libro de su navaja o de sus puños. Acaso no de su maldición:

> Al llegar al lindo departamento que me presta mi amigo, encuentro mucha música, películas y desde luego muchísimos libros, incluidas algunas ediciones que le envidio, por los que me doy cuenta de la notable coincidencia de nuestros gustos. Todo parece estar muy bien pero no hay agua caliente.

Y hay historias que uno trata de contar, pero nunca logra. Acaso porque son demasiado perfectas.

¿Y los mimos? No la mímica, cuya relación con la mimesis es tan obvia como poco interesante. Los mimos que a fuerza de aliteración elemental son parte de nuestra primera escritura: Mi mamá me mima.

> En casa del profesor
> nublado
> había un espejo.

¿La mimesis mima? Creo que más bien, la mimesis exige mimos. No sólo el esfuerzo de ser exacto, de decir justamente algún referente que desde luego no existe sino cuando lo digo. Y existe mejor si dejo que las palabras llamen a otras, si en lugar o además de decirlas las escucho. Mimar es acariciar sintiendo lo que siente el otro cuerpo. Y en la medida en que obedezco unas instrucciones silenciosas mimesis y mimar se aproximan.

> Aun con gran sol
> en casa del profesor
> persistía
> el vaho en el espejo.

Y puedo escribir entonces: Amo los mimos de mimesis. Con letra muy redonda. Sin salirme del renglón. Aunque trazando los círculos de cada O empezando por abajo y no por arriba.

> Aun cuando lo acercábamos
> a la cama ardiente
> en casa del profesor
> había
> un espejo nublado de vaho.

115

Ocho

En el plan original la novela estaba dividida en siete capítulos. Días de la semana consecutivos, comenzando por un martes. Pero el autor murió sin haberla completado. Del lunes quedó el título, la primera oración y las palabras que cerraban la novela: Moro vende. Moro es una agencia inmobiliaria cuyo lema es: Aquí también.

Juan José Saer murió el 11 de junio del 2005, justamente en el día del cumpleaños de su paisano Juan L. Ortiz. Su última novela, *La grande*, contiene pasajes inolvidables; como el recorrido aural que determina la infancia de uno de los personajes:

el espacio negro de la noche que se descomponía en una multiplicidad de planos diferentes cuando, por una razón cualquiera, los perros del pueblo comenzaban a ladrar y a responderse en la obscuridad; el silbato de las locomotoras que pasaban por el pueblo a toda velocidad o el traqueteo de los trenes de carga interminables que, también sin detenerse, lo atravesaban lentos; en el campo, el mugido del ganado, el chasquido del pasto o el estremecimiento de las plantas de maíz cuando arrancaban los choclos para comérselos y poner la barba a secar; el golpeteo subterráneo de los tucu-tucus, el grito de los teros y de los chajáes en las cercanías de los bañados y el arrullo de las torcacitas en los mediodías de verano; los cascos de los caballos que cruzaban el pueblo al paso o al trote, y tan rara vez al galope que, cuando ocurría, la gente salía a la vereda a ver si pasaba algo; el ruido complicado y rítmico, un golpeteo de cuero, madera y metal, de los sulkys, las jardineras y las chatas; las conversaciones en árabe entre el abuelo y sus paisanos o los miembros de la familia que vivían en el pueblo o que venían a visitarlo desde los pueblos de los alrededores o incluso desde Rosario o desde Buenos Aires y una vez desde Colombia...

Al inicio de la novela, Moro le ha vendido una casa al que regresa a vivir al pueblo, treinta años después de haberse marchado. Una semana después, en la última línea de la novela, Moro vende.

En los días que Saer escribió nada deja adivinar si el protagonista muere súbitamente o ha ido a su pueblo ya enfermo. Si hace el trayecto inverso que soñaban esos inmigrantes siriolibaneses que al salir de sus casas, se hacían delicados tatuajes en las muñecas o en el dorso de las manos, como sabiendo que volverían pasado mucho tiempo, completamente cambiados y sólo estas secretas marcas escriturales permitirían la reunión con sus familias. O las familias de sus familas.

Joan Copjec afirma que el movimiento por el cual la pulsión evita alcanzar lo que en apariencia ambiciona debe llamarse sublimación. La sublimación no es un desvío: es un destino. Es el nombre del momento en que la línea recta hacia el objeto que deseo se curva. Estoy a punto de llegar a algo pero lo sorteo, y me quedo bordeando sus orillas.

La diferencia entre lo sublime, digamos en Kant, y la sublimación como la lee Copjec, es que la inhibición no proviene de un obstáculo externo sino de la pulsión misma. La catarata, el glaciar, las ruinas o el abismo de un pozo ya no son necesarios porque me habitan. O bien son necesarios porque me habitan.

Contra el lugar común que le atribuye una lejanía infranqueable, reconozco algo íntimo en la imagen de lo sublime. Y además al verlo en el mundo me lo llevo. La postal de antaño, que hoy se ha convertido en la fotografía que colgamos en Facebook, es la huella que marca esa frontera. Te digo a ti amigo: Aquí estoy pequeñísima en la cima de una montaña, éste es el dibujo de mi pulsión; así sublimo.

El día de Santa Cecilia se pasea con un amigo a la sombra del obelisco. Hace calor pero la sombra basta para los dos. Después de un rato entran a la Capilla Sixtina y comen uvas.

Aún no cumple los cuarenta años pero ya Goethe ha escrito el *Werther*. En Roma disfruta del anonimato que le permite una identidad falsa y compra enormes reproducciones de yeso. La cabeza de Júpiter preside su cuarto, la de Juno la sala. Una mañana la casera descubre a su gata lamiendo las barbas de Júpiter. Como cree que Júpiter es Dios Padre aplaude la devoción del animalito.

Escribí este pequeño texto hace mucho. Antes de que existiera *Pozos*, antes incluso de que Marcelo Uribe me pidiera "Constelaciones" que publiqué en *Trazos en el espejo* y es su origen. Lo firmé con el seudónimo José Lima, académico del Puget Sound. Antes de saber lo importante que iba a ser en mi vida el Puget Sound. Cuando sólo era una región vaga por donde intentaba aprender a volar un Cessnita virtual.

En Houston, el final de mi visita para obtener una plaza en la universidad era la Menil Collection, el soberbio museo construido por Renzo Piano. Mis ahora colegas tuvieron la delicadeza de no acompañarme. Así pude gozar de las obras sin la presión considerable de estar comentándolas. De todas las piezas notables del museo, la que me emocionó más fue una figura, de cuatro mil años de antigüedad, en terracota, que representa a un jabalí. Su extrema estilización me ha emocionado y es para mí el lugar donde lo cercano y lo lejano se concentran y se conciertan. Lo cercano y lo lejano en este jabalí lo son en la distancia y en el tiempo. Y así, llevo casi desde entonces tratando de escribir un poema, sabiendo que su imposibilidad es precisamente la medida de su importancia.

Una de las versiones se la enseñé a uno de mis colegas. No me comentó nada. Supuse que su silencio era el comentario, así que no insistí. Ya estoy grande y lo que escribo ha tenido todo tipo de destinos. El silencio, la crítica negativa, la crítica positiva y, sólo de vez en cuando, la certeza de haber emocionado a alguien. Que debe bastar y me basta.

Una tarde, fuimos de tapas. Un mes que yo no podía tomar vino y me dio pena porque en cierto modo la comida era una despedida: lo habían nombrado chair del departamento. No me acuerdo de qué le hablé. Pero él recordó que, de chico, durante muchos años, no lo dejaron sentarse a la mesa en las cenas. Comía en la cocina, donde una cocinera andaluza le contaba historias que lo marcaron para siempre.

En Chicago, en una entrevista de trabajo, el profesor que me recogió para llevarme a la universidad me dijo tras cinco minutos de trayecto que le acababan de detectar leucemia. Supongo que los otros candidatos supieron responder mejor.

La historia de su niñez que me contó esa tarde, en el restaurante agradablemente vacío –pues era la hora de la comida española o mexicana, justo entre el lunch y el dinner de los Estados Unidos– fue una especie de *Fausto* popular andaluz.

Cuando está a punto de condenar su alma, el diablo le da al hombre que va a morir una última oportunidad: Pídeme algo que no te pueda conceder y te salvarás. Con su último aliento, apenas en un susurro, el hombre dice: ¡Píntalo de verde! A mi colega, que acaso está cerca de ser mi amigo, le sale bien el cuento. Pincha un choricito y bebe un sorbo de Ribera del Duero.

Pero afuera del restaurante, me dice que el cuento no termina allí. Y en vez de dirigirnos a nuestros autos, me hace cruzar la calle, hacia una fuente que yo no había visto antes. El diablo vence: mira. La fuente representa un jabalí y es intensamente verde.

En México, en la universidad de los jesuitas, daban dos semanas para estudiar diez temas. El día de la entrevista, citaban a los cuatro candidatos, que tomaban de una pecera un papelito doblado con el tema a presentar. Al final de las cuatro presentaciones había un brindis. En el brindis estuve seguro de que el señor que llevaba una camisa que no llegaba a cubrirle la panza completa no me ganaría. Me quedé con el puesto y probablemente pasé allí los mejores años de mi vida. Y también los peores.

Fue por esa época que se dejó crecer el bigote de punteras engomadas que no había de quitarse en el resto de su vida, y le cambió el modo de ser, y la idea de la sustitución del amor lo metió por caminos imprevistos.

García Márquez es un maestro de ese futuro respecto al personaje y pasado respecto al narrador, que logra forjar en sus largas oraciones en que las dos flechas del tiempo se acercan velozmente pero nunca llegan a su blanco.

Fue el error de su vida, tal como su conciencia iba a recordárselo a cada hora de cada día, hasta el último día. Lo que ella quería suplicarle no era amor, y menos amor pagado, sino un empleo de lo que fuera y con el sueldo que fuera, en la Compañía Fluvial del Caribe.

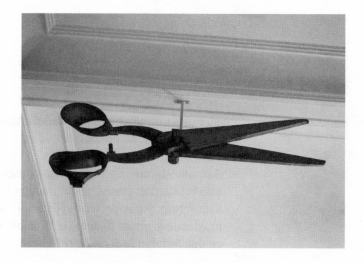

Un gesto característico de la crítica de Derrida es el uso de tiempos verbales complejos. Habrán sido amigos aquellos que se despiden a las dos orillas de la muerte. El amigo habrá sido el que vaya al entierro de su amigo. Ése es el gesto inútil que garantizará retrospectivamente todo lo que antes no se sabe si es una amistad.

Los amantes no. Cogen y ya fueron amantes. Acaso por eso, Derrida no los trabaja.

En su brillantísima gramática, y adelantándose casi un siglo a Benveniste, Bello escribe:

Así, ante-futuro y pos-pretérito constan de unas mismas relaciones; pero ante-futuro significa anterioridad a un futuro, y pos-pretérito posterioridad a un pretérito, siendo siempre el acto de la palabra el punto final en que termina la serie de relaciones.

Nueve

Acaso los temas de mi trabajo académico sean incluso más íntimamente autobiográficos que mis novelas. Me interesa mucho cómo se representa la amistad en la literatura, lo cual me ha llevado a descubrir una hermosa manera de leer a Borges, por ejemplo, pero también precisa la importancia de autores como Héctor Manjarrez y Paloma Villegas en nuestras letras: son los más precisos narradores de la amistad, de su principio fácil, del arduo trabajo de sostenerla, del dolor de un final. De la reflexión sobre la amistad, como el hermoso libro de Derrida, sobre todo me interesan las preguntas, porque son "indecidibles": cada quien tiene que responderlas, cada vez que las enfrenta.

Y mientras escribo este libro, que es mi lujo y mi felicidad y mi verdad, tengo también que seguir produciendo materiales críticos. El diálogo entre mi literatura y mis ocupaciones teóricas me convierte en un probador de venenos. Pero creo que hay que seguir arriesgando. Si bajo muy hondo, encuentro que el mismo manantial las alimenta a los dos. No me sorprende que también allí, en mi San Zenón, encuentre la palabra amistad: es al mismo tiempo corte y bálsamo.

Me interesa no sólo la teoría sino también la práctica cotidiana de la amistad. Me interesa, escribo, pero a veces la oración tendría que variar:

Me aterra la práctica cotidiana de la amistad.

Me emociona la práctica cotidiana de la amistad.

Me entristece la práctica cotidiana de la amistad.

Uno puede fallar o agotarse en su pasión pero debería poder sostener cierta fidelidad: el fuego suave de la amistad. Ejerzo algunas de las preguntas de Derrida (que por supuesto no son sino Derrida citando, o sea Derrida): ¿cuántos amigos tengo?, ¿cuántas amistades puedo atender?, ¿quién es el amigo?

Junto con la amistad, a su cobijo, ha ido creciendo poco a poco esta grafía. La primera vez que escribí a-mistad estaba pensando el dolorosísimo ensayo "1974" de Diamela Eltit. En muy pocas páginas describe el efecto que tuvo el terrorismo de Estado en Chile. "Fue el año quizás más pedagógico." Pedagógico. La lección no fue la enemistad, sino la neutralización de los afectos. Lo que hay que aprender es que, además de una amistad, se puede abandonar *la* amistad, completa, al hostigarse sin tregua su condición de posibilidad. En la dictadura se vive bajo la permanente amenaza de que quien me espía y me puede denunciar en cualquier momento sea (o haya sido) un amigo. Un amigo que en su traición ni siquiera ha convertido su amor en odio, en envidia. Sencillamente está aterrado.

Y me he preguntado qué pasa con la amistad, con la a-mistad, en este ahora desde donde surge mi curiosidad que a veces se torna nostalgia por el siglo XIX, por el siglo XVIII; el ahora donde trato de escribir estos fragmentos que dibujan mi deriva. Desde los afectos, el capitalismo tardío nos ha trabajado el miedo del terrorismo de Estado de los años setenta –el Estado puede "desaparecerme" de manera impune– y lo ha transformado en otro: todos somos sustituibles. Peor aún, mi sustitución es inevitable. Acaso llegue cuando haya ahorrado suficiente para mi cáncer. ¿Es el mismo miedo que el del terrorismo de Estado? Me parece que no, pero el resultado es el mismo: la traición. Si yo no me vendo, alguien más aceptará con lágrimas de gratitud, tocando el suelo con la frente.

No somos enemigos, somos a-migos. Amigos mientras no necesitamos poner a prueba la amistad. La buena educación consiste entonces en mantener esa distancia, apenas más cercana que la que impone la horrible palabra gris: conocido. El buen a-migo es quien sabe nunca pedirles de más a sus a-migos. El éxito de Facebook no es su posibilidad de acortar las distancias sino de mantenerlas. Acaso la grafía precisa sea, habrá de ser, @-mistad.

Pero al mismo tiempo la a-mistad surge de un deseo –acaso sea más preciso llamarlo nostalgia– de amistad. Lo que me imagino es que seremos amigos. Aunque en la práctica no lo logre.

Y entonces hay que pensar la a-mistad como la verificación de un fracaso: el de la utopía de la amistad.

Al releer a los liberales mexicanos del siglo XIX, es sospechosamente fácil encontrar en sus textos sobre economía, en una época de brutal disparidad entre clases, el tropo de la amistad. La verdad de estos discursos de la amistad liberal acabaron siendo las revoluciones de la Revolución. Y sus nuevas formas de amistad y de a-mistad.

En su excelente introdución a Lacan, Davide Tarizzo nos recuerda glosando el pasaje de *Encore* que lo necesario es aquello que no deja de escribirse. Lo imposible es aquello que no cesa de no escribirse. Lo contingente, finalmente, es aquello que cesa de no escribirse.

Lo necesario no deja de escribirse, precisamente *porque* no logra decir lo imposible, porque lo imposible es también impostulable.

Lo contingente, el síntoma, es el nombre de la imagen, de lo que Gonzalo Rojas llama el relámpago. Ese momento en que parece forjarse una conexión irresistible entre lo necesario y lo imposible.

El crítico cuenta la historia del médico sobreviviente de Hiroshima que se salvó de la locura a través del culto a los difuntos: contemplar los sitios que frecuentaban en vida y rezar intentando recordar con la mayor vivacidad posible a quienes conoció.

El crítico no sólo escribió crítica, también hizo poesía. En un poema dice que Jesucristo tiene cuerpo de muchacha.

De un personaje mal construido en un libro imperfecto: Desde el momento en que muere es un personaje estupendamente real.

Hizo crítica, novela, poesía, pero se volvió famoso sobre todo por el cine. En una de sus películas, un muchacho muy hermoso llega a una casa burguesa y se coge a todos los miembros de la familia. El muchacho es Dios.

El crítico escribe: El trabajo de él y el mío se integraban de alguna manera, aunque fuesen tan diferentes; y nos enlazaba sobre todo el optimismo –como un buen sentimiento– que consistía en que nuestro trabajo fuese el "centro" de algo, o que algo hubiese de ser su resultado. De manera muy recelosa nos admirábamos y nos amábamos sin hacer cumplidos, demasiado absorbidos por la importancia de lo que hacíamos como para permitirnos pausas desinteresadas.

Pocos meses después de que escribió estos pasajes Pier Paolo Pasolini fue asesinado. No recuerdo si en una playa, pero imagino que en una playa. Puedo sentir los tiros y saber que casi no sintió, entre el agudo dolor multiplicado, el otro dolor por todo lo que aún podría haber hecho.

Él, que me enseñó que el verbo amar es el único justo para un amigo verdadero.

Acaso todo lo que quiero decir está en unas pocas palabras ajenas:

he aquí que Jesús ha tomado de la mano a Pedro, a Jacobo y a Juan, y los ha llevado al Monte.
Él los conduce suavemente mientras que en círculos celosos, susurrantes
preguntan quién es Aquel que se aleja con el gesto del que regresa.

Y aun mejor, más adelante, cuando la voz de Fina deja de lado lo heredado (círculos celosos es un eco de Lezama Lima), la lengua compartida entre su grupo (Aquel que se aleja con el gesto del que regresa podría firmarlo el mejor Eliseo Diego) y llega por primera vez a su propia cima:

oh, difícilmente podríamos comprenderlo, Él se ha vuelto completamente
exterior, como la luz;
como la luz Él ha rehusado la intimidad y se ha echado totalmente fuera de sí mismo;
mas no como el que huye sino como el que regresa, Él se queda con su parte como el que divide un pan;

Formalmente el juego es sencillo: se mezclan en los versículos los contrastes y las comparaciones; los símiles desmienten el contraste y sus movimientos en direcciones contrarias –afuera, adentro; huida, regreso; olvido, recuerdo– cristalizan en un solo sentido, en un solo brillo:

como la luz Él recuerda la fuente que mana en lo escondido y ocupa la
extensión justa de su nombre;
mas no como el que se olvida sino como el que recuerda, o el que sirve una
cena sencilla;

Copjec lo plantea de manera categórica: mientras que la necesidad es saciada por un objeto, y por lo tanto necesidad y objeto se aniquilan en su coincidencia, la pulsión no acaba tan fácilmente con su objeto: sigue girando en torno a él.

Dicho de otro modo: en la pulsión no hay evidencia de un cuerpo o una Cosa que existe en otra parte, sino lo contrario: mediante la pulsión se sabe (si es que algo se sabe en la pulsión) que el cuerpo y la satisfacción han perdido el apoyo del cuerpo orgánico y la Cosa nouménica.

Por eso, prácticamente cualquier objeto servirá para satisfacer la pulsión. Aunque la pulsión se vea obligada a utilizar un objeto dado, sólo lo empleará para alcanzar su objetivo verdadero: el goce.

Leo el poema y me emociona. Pero no me convierte. Ni siquiera lleva mi ateísmo convencido a una leve tentación agnóstica. Me emociona desde su práctica de la imagen donde lo indecible y lo cotidiano se iluminan. Una imagen donde la ausencia adviene; es presencia. Ese lejos que cambia para volverse junto es para mí no una teología sino el dibujo en literatura de lo que mejor hace la literatura: irse como el que vuelve.

Acaso escribo todo este libro para explicar cómo lo que es puro temblor al leer el poema se convierte en parte de mi vida intelectual; se convierte en trabajo, pero no porque haya tanto que explicar. Más bien por el deseo hondo, casi inmediatamente triste de conservar esta llama, esta lluvia, esta sal.

Acaso escribo este libro porque no puedo escribir ese poema.

La teoría de la pulsión se basa en una serie de *casi* coincidencias. El objeto de la pulsión se describe como algo directamente distinto de sí mismo.

Nuestra comprensión tanto de la mimesis como de su sinónimo, la poiesis, deben partir entonces no de una lógica de la necesidad que se puede escribir cómodamente con una flechita recta → sino con algún otro símbolo inspirado, digamos, en el Pozzo di San Patrizio: un símbolo que no sé diseñar pero que imagino que un día, en una distracción, dibujará el gran Vicente Rojo.

Su inteligencia pesa. Pesa que ha leído todo mucho antes que yo. Pesa que escribe mucho más que yo. Pesa que es más joven que yo. Y sin embargo sabemos ser amigos. ¿Porque se equivoca mucho? ¿Porque no hay hipocresía y se pueden decir precisamente esto? ¿Porque sus dones generan una soledad atroz cuya contrafaz es una generosidad sin fisuras para quienes se les atreven? Necesita muchos amigos porque nadie agota sus poderes. Porque individualmente, al final, todos lo aburrimos. Acaso, en algún momento, entre al Olimpo de los otros pocos como él.

O acaso no. José Emilio Pacheco me dijo una vez que en su relación con Carlos Monsiváis no había intimidad. Imagino que se llamaban para comentar la prensa y las novedades editoriales. O para consultarse alguna duda. O para hablar de enfermedades, claro.

Pero no de amores o de tristezas.

Es difícil ser amigo de mi semejante. Pero también es difícil ser amigo del inconmensurable. Porque su cercanía me obliga a examinarme. Y a reprobar siempre en la comparación. Todavía soy más guapo. Mientras no se me acaba de caer el pelo. Acaso sólo esta amistad, la incómoda, vale la pena.

Trieb se puede traducir como saudade. Sobre todo si definimos saudade con Hans Ulrich Gumbrecht como el sentimiento de que ha quedado atrás todo lo bueno y deseable de nuestras vidas.

Atrás pero no en un punto. En un pasado ilocalizable que sólo se puede sentir pero no imaginar. Lo que se siente es la pérdida misma; una tristeza sin imágenes. No extraño algo, extraño todo.

No todo lo que hice.

Ni siquiera todo lo que no hice.

Mi anhelo llega hasta las posibilidades de lo que no decidí no hacer. Las renuncias de lo virtual. Las potencias cegadas y que sólo puedo percibir como anterioridad purísima desde su futuro imposible. Saudade es el dolor suave que produce este presente en tanto que no es otros. De nuevo, no otro en particular; otros distintos. Por eso da saudade el mar. Porque uno no está en otra parte.

La saudade, si se define perfectamente, no es saudade. Dejaría de ser deriva, ruina, pozo que se manda construir para no verlo terminado.

Trieb que es el término que Freud utiliza para denominar lo que insatisfactoriamente se ha traducido como pulsión o drive en inglés. Lacan critica acremente los intentos franceses y propone una mejora que tiene la ventaja de funcionar hermosamente en español: deriva.

No hay más que sus cartas. Y en sus cartas se dibujan poco a poco dos que constantemente se dan lo que no tienen. Se aman pero son tan pobres que no pueden estar juntos. Ella sólo tiene su buena fama y su juventud. Él un empleo triste que le da para no morirse. Pero no para morirse de amor. Así que para evitar lo más posible el desastre de verse, a pesar de vivir a poquísima distancia, se escriben. Al principio es un juego: juegan a encariñarse. Despúes se encariñan con el juego. Acaso no se ven porque ella es más hermosa cuando él la imagina escribiendo las cartas y él lo mismo: es menos irremediable, menos viejo, menos roto cuando no está, cuando sólo es el destinatario de sus cartas. Y también él y ella se sienten más hermosos al estar escribiendo. Sienten que en su vida hay una suspensión honda en la espera de la siguiente carta. Como no hay narrador, nadie echa a perder esta ilusión

Al final, un rico le propone matrimonio. Ha valido la pena cuidarse. Él la felicita. Luego vacila, le ruega; le ordena que no se case. Ella decide ser realista. Se despide del viejo que fue su único amor de juventud y se casa. Él le reprocha inolvidablemente: Me dejas ahora que estaba encontrando mi estilo.

Dostoyevski dice, justo antes de publicar su primera novela, que nunca será tan famoso como en ese momento.

Te vi
esperando
la imagen
que iba a desatar tus íntimas cifras
en noches de escribir en un pequeño
departamento infestado
de males que no sabrían cómo tocarte
: estabas viendo en ese futuro
otra cosa
cambiando
el mundo.
Te vi con la silla lista
para cabalgar
esa metáfora
que no
llegaba aún.

Freud tiene más de ochenta años cuando escribe "Análisis terminable e interminable". La pregunta del ensayo
es, precisamente, si la cura psicoanalítica tiene un final o
en realidad debe considerarse como un proyecto que sólo avanza pero que no llega a su meta. O bien, si se trata
de algo que posee un final deseable que además puede determinarse con cierto grado de confianza.

Te vi con un café
y ya sabías
indiferente
en la mano izquierda
mientras
ya sabías pero no podías decirlo
las ardillas
no aún
una chica rubia con trenzas y zapatos verdes
no
las primeras gotas de una lluvia gorda
no eran
la metáfora
que necesitabas.

Rememora varios casos en que el análisis, aparentemente exitoso, no lo es completamente y se produce una recaída. El más doloroso es el de un joven que se analiza con el Maestro y logra superar sus complejos, casarse con la mujer que ama y, más adelante, convertirse en psicoanalista. Pero, sin ninguna causa aparente, este hombre se volvió contra su antigua analista y le reprochó precisamente por no haber completado su análisis.

Te vi y esperé
con esperanza
dejé que tus ojos llegaran
y se llenaran
de este brillo mío
esperé
pero fui
como agua
como una conversación
en otro idioma
algo
que tampoco sirvió.

Este joven es Ferenczi. Precisamente el primer discípulo de Freud en presentar una ponencia sobre el tema del final del análisis.

Ferenczi que para entonces ya ha muerto.

No me vas a perseguir
mientras envejeces en hojas
haciendo otro
mundo
y hojas
del mundo.
No era yo
tampoco.
Y es una pena
porque de verdad me hubiera gustado.

Al final Freud es racional y hasta, a su manera cauta, lúcida y sumamente matizada, optimista. Aunque en la cura puede haber todo tipo de dificultades y el acceso a los materiales reprimidos sea siempre parcial, hay un momento en que puede declararse que el análisis ha llegado a su final.

De cualquier manera
quiero que llegue
o haya llegado
quiero verte otro día
y reconocer esas arrugas
de quienes sonríen en secreto
de noche
en pequeños departamentos
infestados de fantasmas.

Pero también insiste en que el psicoanalista debe retomar su propio análisis cada cinco años "sin avergonzarse de dar este paso".

Es 31 de diciembre. Van juntos al banco, a arreglar una llanta y a cambiar unos pantalones. Para comer juntos salen al patio de la tienda y compran dos hamburguesas iguales, dos refrescos iguales y dos papas diferentes. Hablan mal de la novia que compartieron. Hablan de la televisión que ven y cómo hacen para encontrarla en internet. Y en medio de todo uno dice: Hay una pregunta que no supe contestar el otro día.

¿Cómo seguimos siendo amigos?

Recuerdan que en los albores de su adolescencia descubrieron que compartían una fascinación honda por las computadoras. Uno recuerda el número 49152. Allí comenzaba la memoria de sus máquinas. Otro insiste en que siempre les ha gustado el mismo tipo de mujer. Pero eso, a pesar de que no los hizo pelear por la novia que primero fue novia de uno, luego del otro y más adelante otra vez del primero. Además yo dejé la ingeniería para dedicarme a la música y el cine, y tú la contabilidad para escribir. Los dos fuimos a psicoanálisis. Muy al principio, cuando me rompí la pierna, tú me explicaste qué onda con las muletas. ¿De verdad? De eso no me acuerdo.

Al despedirse se abrazan pero no muy fuerte.

Y una vez escrito todo esto, me paralizo. No sé cómo acomodar los materiales. Pero ella sí. Con su amor paciente pone orden en lo que fue intuición y va convirtiendo esto en libro. No en su libro, no en mi libro, en un libro nuestro. Esto que comencé a soñar como un libro electrónico cuyo índice fuera cambiando con las fases de la luna. O un libro sin índice que detectara lo que los lectores subrayan y de acuerdo con eso fuera continuando en laberintos individuales. Pero que ahora es este libro.

Siento entonces que al fin todo cristaliza.

Mientras trabajo esta última versión, el 26 de enero de 2014, muere mi amigo, mi maestro, José Emilio Pacheco. Sé que a José Emilio le hubiera dado gusto saber que esa noche estaba con un alumno, hablando de poesía, como él hizo tantas noches con nosotros, en Maryland. Íbamos por comida china y nos prefería a nosotros que a sus colegas. Le gustaba oírnos.

Pesa muchísimo su herencia pues ahora tendremos que ser nosotros, los muchos, y no uno solo, quienes nos encarguemos de forjar el nexo vivo y cambiante entre memoria cultural y presente. Un puente que brille como relámpago. Nos hereda la responsabilidad ética que para él siempre tuvo un nombre: escribir, reescribir.

Así, este libro que tiene su cabal sentido en él, debe terminar con palabras suyas:

> Acércate y al oído te diré adiós.
> Gracias porque te conocí, porque acompañaste
> un inmenso minuto de existencia.
> Todo se olvidará en poco tiempo.
>
> Nunca hubo nada y lo que fue nada
> tiene por tumba
> el espacio infinito de la nada.
> Pero no todo es nada,
> siempre queda algo.
> Quedarán unas horas, una ciudad,
> el brillo cada vez más lejano de este maltiempo.
>
> Acércate y al oído te diré adiós. Me voy
> pero me llevo estas horas.

Houston-Buenos Aires.

Pozos

se terminó de imprimir
el 10 de marzo de 2015 en
Litográfica Ingramex S.A. de C.V.
Centeno 162-1, 09810 México, D.F.
Composición tipográfica: Alfavit

Ensayo y testimonio en Biblioteca Era

Jorge Aguilar Mora
El silencio de la Revolución y otros ensayos
Sueños de la razón. Umbrales del siglo XIX: 1799 y 1800
César Aira
Cumpleaños
Robert Antelme
La especie humana
Fernando Benítez
En la tierra mágica del peyote
Los hongos alucinantes
Los indios de México [5 tomos]
Los indios de México. Antología
Los primeros mexicanos
Los demonios en el convento
El peso de la noche
De la Conquista a la Independencia
John Berger
La forma de un bolsillo
Cumplir con una cita
José Joaquín Blanco
Función de medianoche
Álbum de pesadillas mexicanas
Federico Campbell (comp.)
La ficción de la memoria. Juan Rulfo ante la crítica
Claudia Canales
El poeta, el marqués y el asesino
Luis Cardoza y Aragón
Ojo / voz
Pintura contemporánea de México
Will H. Corral (comp.)
Refracción. Augusto Monterroso ante la crítica
Giles Deleuze y Félix Guattari
Kafka. Por una literatura menor
Christopher Domínguez Michael
Tiros en el concierto

José Clemente Orozco
Autobiografía
Octavio Paz
Apariencia desnuda. La obra de Marcel Duchamp
Sergio Pitol
El arte de la fuga
El viaje
El mago de Viena
Pasión por la trama
Memoria. 1933-1966
El tercer personaje
Elena Poniatowska
La noche de Tlatelolco
La noche de Tlatelolco [Edición especial]
Fuerte es el silencio
Nada, nadie. Las voces del temblor
Luz y luna, las lunitas
Las siete cabritas
Miguel Covarrubias. Vida y mundos
Palabras cruzadas. Entrevistas
Andrea Revueltas y Phillippe Cheron (comps.)
Conversaciones con José Revueltas
Silvestre Revueltas
Silvestre Revueltas por él mismo
Alfonso Reyes
Oración del 9 de febrero
Vicente Rojo
Diario abierto
José Ramón Ruisánchez
Pozos
Enrico Mario Santí (comp.)
Luz espejeante. Octavio Paz ante la crítica
André Schiffrin
La edición sin editores. Las grandes corporaciones y la cultura
El control de la palabra
Guillermo Sheridan
Poeta con paisaje. Ensayos sobre la vida de Octavio Paz
Lev Tolstói
Diarios [dos tomos]
Correspondencia [dos tomos]
Marina Tsvietáieva
Natalia Goncharova. Retrato de una pintora rusa

Remedios Varo
Cartas, sueños y otros textos (Isabel Castells, comp.)
Hugo J. Verani (comp.)
La hoguera y el viento. José Emilio Pacheco ante la crítica
Juan Villoro
Efectos personales
Jorge Volpi
La imaginación y el poder. Una historia intelectual de 1968
La guerra y las palabras. Una historia intelectual de 1994
Eliot Weinberger
12 de septiembre. Cartas de Nueva York
Lo que oí sobre Iraq
Varios autores
El oficio de escritor [Entrevistas con grandes autores]